LE SARKOZYSME
SANS SARKOZY

DU MÊME AUTEUR

CRÉATION ET PRISON, *sous la direction de Caroline Legendre, Serge Portelli, Olivia Maire, Christian Carlier,* Édition, de l'Atelier, 1995.

JUSTICE ET PSYCHIATRIE, NORMES, RESPONSABILITÉ, ÉTHIQUE, *collectif sous la direction de Claude Lozoun et Denis Salas,* Erès, 1998.

ENFANTS VICTIMES DE VIOLENCES SEXUELLES : QUEL DEVENIR?, *collectif sous la direction de Carole Damiani,* Hommes et Perspectives, 1999.

TRAITÉ PRATIQUE DE L'INSTRUCTION, SOFIAC, Directeur scientifique de la publication depuis 2000.

L'INTERROGATOIRE, *en collaboration avec Sophie Clément,* SOFIAC, 2001.

LES DROITS DES VICTIMES, *en collaboration avec Gérard Lopez et Sophie Clément,* Dalloz, 2003 ; rééd. 2007.

CONSÉQUENCES DES MALTRAITANCES SEXUELLES, RECONNAÎTRE, SOIGNER, PRÉVENIR, *collectif sous la direction de Nicole Horassius et Philippe Mazet (Conférence de consensus organisée par la Fédération française de psychiatrie les 6 et 7 novembre 2003),* John Libbey Eurotext, 2004.

TRAITÉ DE DÉMAGOGIE APPLIQUÉE, Michalon, 2006.

NICOLAS SARKOZY : UNE RÉPUBLIQUE SOUS HAUTE SURVEILLANCE, L'Harmattan, 2007.

RÉCIDIVISTES. *Chroniques de l'humanité ordinaire,* Grasset, 2008.

SERGE PORTELLI

LE SARKOZYSME SANS SARKOZY

BERNARD GRASSET
PARIS

ISBN 978-2-246-74881-6

Introduction

Oublier Nicolas Sarkozy

Nicolas Sarkozy n'a pas grand intérêt. Seul compte le « sarkozysme ». Le mot n'est plus un néologisme. Il est notre réalité. Et pour long-temps. Choisir d'observer cette réalité n'est pas plus un moyen d'échapper à ce personnage encombrant qu'un détour pour y revenir encore. Nicolas Sarkozy, en soi, est un phénomène pas-sager. Il n'importe que par ses liens avec le sys-tème politique qu'il instaure. Il n'est que le représentant provisoire d'un régime qui se met peu à peu en place et dont l'analyse requiert une mise à distance suffisante de son premier héraut. Car le sarkozysme, hélas, dépasse l'homme qui l'anime aujourd'hui. Chacun sait bien que les Français, en mai 2007, n'ont pas été les vic-times d'une habile campagne électorale. Ils ont écouté promesses et mensonges ordinaires, dont aucun candidat n'avait l'exclusivité. Les élec-teurs étaient avertis, l'homme politique existait

7

depuis longtemps. Son long passage au ministère de l'Intérieur, très médiatisé, et sa campagne électorale sophistiquée permettaient de
connaître ses idées, ses méthodes, ses projets, ses
ambitions. Et tous ses défauts.

L'élection de Nicolas Sarkozy marque une
réelle rupture avec l'avant-mai 2007. Mais la
réflexion est délicate du fait de l'omniprésence
du personnage, de son agitation, des à-coups de
son action et du flot ininterrompu de ses discours souvent contradictoires. Il faut s'habituer
à cette occupation incessante de l'espace et du
temps et savoir s'extraire à toutes forces de ce
maelström fou qui interdit de penser. Il ne s'agit
pas d'esquisser avant l'heure un bilan. Mais de
cerner les contours d'un ordre politique inédit
qui s'installe selon des lignes de force aujourd'hui
clairement repérables.

Le champ des libertés

Toutes les structures d'un Etat démocratique
sont encore en place : une Constitution, un Parlement, des juges, une opposition. Les libertés
publiques existent encore, elles sont d'ailleurs
enseignées en faculté. Le cadre est là, les textes,
les institutions. Les façades sont toujours debout,
repeintes régulièrement. La dernière réforme
de la Constitution, promulguée en juillet 2008,

prévoyait même la création d'un nouveau « Défenseur des droits » aux attributions un peu ambiguës mais dont le poste pouvait, disait-on, être confié à Jack Lang. C'est dire !

Peu auparavant, fin juin, avait été publié le décret créant le fichier Edvige. Il généralisait un fichage systématique de toute la vie politique, syndicale, économique, sociale ou religieuse et de tous ceux qui, aux yeux de la police et du gouvernement en place et à venir, sont « susceptibles de porter atteinte à l'ordre public », et ce à partir de treize ans. Pouvaient ainsi être collectés et conservés sur ces trublions tous les renseignements concernant leur vie publique ou privée : origine ethnique, opinion politique, philosophique, religieuse, appartenance syndicale, santé, sexualité... Avec une lenteur mesurée, ce qui sert d'opposition politique à la France a fini par s'émouvoir. Il était subitement question d'« atteinte aux libertés publiques ». La société civile, comme d'habitude, s'était mobilisée la première. Associations, syndicats, Ligue des droits de l'homme... Dans les premiers jours, il fallait batailler dans les médias pour pouvoir dire ce que représentait ce fichier face aux fidèles syndicats de policiers qui, eux, exaltaient « un progrès ». Je me sentais alors un peu seul sur le plateau de LCI face au représentant de Synergie Officiers et au porte-parole du ministère de l'Intérieur. Peu à peu cependant les formations politiques d'opposition sortaient de leur torpeur. François Bayrou appelait à un « mouvement de refus républicain ». Le parti socialiste dénonçait « l'espionnage généralisé de la population ». François Hollande, au nom de « la France des libertés », fustigeait le « fichage de nos concitoyens ». Une pétition circulait – « non à Edvige ! » – signée début septembre par 700 organisations et 50, 100, 200 000 personnes... Elle dénonçait un « niveau de surveillance des citoyens totalement disproportionné et incompatible avec une conception digne de ce nom de l'Etat de droit ». Le 2 septembre, l'éditorial du *Monde* titrait : « Non à Edvige ! » On connaît la suite, jusqu'au retrait du décret.

Ce sursaut, cette grande indignation collective était réconfortante. Elle semblait prouver qu'une partie de la population au moins était consciente de la nature de l'enjeu. Au-delà d'une question technique, de l'ajustement d'un outil de police, la conception globale d'une société démocratique était en discussion. Nous n'étions pas en dictature : ces simples protestations le démontraient. Mais il se mettait en place des institutions, des instruments de gouvernement qui ne correspondaient en rien à ceux de la démocratie. Ils procédaient d'une autre logique politique dont personne n'osait dire le nom mais dont chacun sentait bien qu'elle mettait en péril les libertés.

Il était manifeste qu'Edvige n'était qu'une pièce du puzzle. Une des plus évidentes, une de celles qui montraient le mieux les contours du futur. Bien d'autres pièces continuaient à être posées, toutes aussi inquiétantes. L'habitude s'était créée de ces mobilisations ponctuelles contre chacune de ces mesures. Défilés, pétitions, manifestes, recours, meetings, appels... Il était difficile de relier ces mouvements entre eux. Si l'on voyait bien un chapelet de protestations, il était clair que chaque révolte s'épuisait d'elle-même, effacée par la suivante, au rythme frénétique des « réformes ». Des alertes étaient lancées, y compris à l'étranger. L'image de la France devenait désastreuse. Le soi-disant pays des libertés faisait ricaner. Nous étions la risée non seulement des démocraties mais des dictatures. L'ONU, l'Europe nous rappelaient à l'ordre et le colonel Mouammar Kadhafi lui-même nous donnait des leçons. Fin 2008, début 2009, le mouvement de protestation a commencé à enfler. L'atteinte aux libertés a fait l'objet d'une prise de conscience collective. Un « appel des appels » était même lancé. Comment ne pas se rendre compte que chaque corps de métier, chaque collectif disait à peu près la même chose ? Malgré son habileté, le sarkozysme n'a pu masquer longtemps qu'il était un projet global.

Faut-il d'ailleurs s'inquiéter outre mesure puisque ce pouvoir est sage ? Il sait écouter. Il sait que parfois il va un peu trop loin. Il a l'intelligence de reculer. Pas toujours en bon ordre

11

mais peu importe, dira-t-on. Les dispositions les plus liberticides sont écartées. D'incessantes petites victoires permettent aux défenseurs des droits de l'homme et aux démocrates sincères de croire qu'ils ont stoppé le flot. Mais, à peine la dernière banderole repliée... Comment ne pas voir que toutes ces concessions, étroitement dépendantes des sondages d'opinion, ne sont que replis tactiques, dans l'attente d'une meilleure occasion, d'une actualité propice, d'un fait divers plus signifiant, d'un autre mouvement d'opinion assez porteur ? Comment ignorer que seules les intentions premières comptent, qu'elles seules dessinent les vrais contours d'un régime qui se met en place par à-coups, en avançant de vingt pas puis en reculant d'un seul, mais en installant patiemment, méthodiquement, les bases idéologiques et institutionnelles de sa pérennité ?

L'illustration caricaturale de cette stratégie habile mais aussi de cette volonté farouche de revenir aux idées un temps repoussées a été donnée en novembre 2008. Un jeune homme avait été poignardé mortellement par un malade mental échappé d'un hôpital psychiatrique. Il était évident que l'auteur des faits souffrait d'une schizophrénie qui interdisait toute procédure judiciaire. Dans les vingt-quatre heures, Nicolas Sarkozy, tablant sur l'émotion soulevée par ce fait divers, prenait les choses en main, réunissant à l'Elysée les ministres de la Santé, de la Justice et de l'Intérieur. Il ressortait de ses tiroirs les vieux projets abandonnés sous la pression des professionnels de la santé lorsqu'il était ministre de l'Intérieur. Le texte était exactement le même, recouvert d'une fine couche de poussière. Nicolas Sarkozy, à l'affût du premier crime propice, avait attendu patiemment. Les vieux démons resurgissaient. Il fallait créer un fichier, celui des hospitalisations d'office, sécuriser les hôpitaux psychiatriques, mieux contrôler les libérations et les sorties des malades, utiliser le bracelet électronique mobile pour les surveiller... Tout un projet sécuritaire, très précis, toute une conception archaïque de la folie était déjà en place, attendant son tour.

Il est temps de s'arrêter un peu et de descendre du train infernal des « réformes ». De tenter d'apercevoir le dessein de fond, d'oser une explication de l'idéologie sarkozyste en s'attachant à ses expressions, en respectant son langage. Ce livre sera peut-être jugé comme un pamphlet. Il n'a pas la prétention de l'objectivité mais se veut rigoureux dans une tentative d'analyse et de remise en ordre du discours sarkozyste. L'entreprise n'est pas nouvelle, mais elle se fera, ici, essentiellement sous l'angle des libertés. Certes, chacune de nos libertés réclame qu'on la défende immédiatement, mais la liberté, elle, exige qu'on s'extraie de cette urgence. Le danger devient réel. La gangrène est lente, progressive mais désormais évidente. Ce constat est difficile à entendre aujourd'hui. Les difficultés économiques mobilisent davantage l'opinion publique. Et surtout, tandis que l'obsession de la sécurité justifiait tout, la question des libertés était passée depuis quelques années à l'arrière-plan. Comme si notre pays était définitivement à l'abri, comme si la démocratie était un acquis inébranlable qu'aucune guerre, aucun attentat, aucun trouble intérieur ne pourrait remettre en cause. Comme si la défense des libertés n'était pas un combat de chaque jour.

Ce constat apparaît d'autant plus nécessaire que le sarkozysme ne se limite pas à un homme, et encore moins à une majorité présidentielle. Le modèle idéologique et même la méthode de gouvernement attirent et parfois fascinent dans toute la classe politique. Fichiers, prisons, statut des étrangers, respect de l'indépendance de la justice ou des médias... l'histoire – récente – de la gauche laisse perplexe. Les discours de quelques-uns de ses représentants, dont Manuel Valls est l'exemple le plus frappant, renvoient à un sarkozysme à peine décalé. Le sarkozysme sans Sarkozy est non seulement possible, il est probable. Il le sera d'autant plus que l'attention se focalisera sur l'homme au lieu de s'attacher au fond du discours et à sa mise en œuvre.

CHAPITRE I

L'IDÉOLOGIE

Idéologie ?

L'élection de Nicolas Sarkozy en mai 2007 a été saluée comme une victoire, voire un triomphe « idéologique ». Mais la victoire a été davantage analysée que l'idéologie. Beaucoup pensent même qu'il n'y a pas grand-chose à observer, au-delà de l'issue du scrutin, qu'un pouvoir bringuebalant et présomptueux qui ne pourra jamais prétendre atteindre le monde des idées ou de la pensée politique. Il faut se méfier du mépris et de ses jugements rapides. Il suffirait de se laisser convaincre par cette revendication inlassable d'un pragmatisme absolu. Nous pourrions ainsi facilement croire que nous sommes en présence d'un annuaire des bonnes idées du jour, d'un catalogue moderne de solutions constamment adaptées à notre temps, sans aucun dessein d'ensemble. De plus, sans faire injure au représentant actuel du sarkozysme, son absence de toute envergure intellectuelle, la pauvreté de ses écrits propres (« plumes » mises à part) font que le mot idéologie semble flotter comme un vêtement trop large. Lorsqu'il tente une vision légèrement prospective de son action, à l'occasion de ses vœux le 31 décembre 2007, évoquant une politique de « civilisation » inspirée d'une courte conversation avec Edgar Morin, le soufflé retombe aussitôt dans un silence poli, des quolibets inévitables et un oubli bienvenu. Le temps ne paraît pas plaider davantage en faveur de notre président : les épreuves survenant, les embardées politiques, les renoncements, les adaptations, font que la ligne directrice d'un quelconque système est difficile à percevoir.

De toute façon, nous dit-on, les idéologies sont mortes. Emmanuel Todd, parlant d'ailleurs de la droite comme de la gauche, diagnostique, comme tant d'autres, un « vide idéologique ». Mais les idéologies ne meurent pas. Elles se transforment ou se succèdent. Dans ces périodes de changement ou de mutation, ou simplement lorsque l'idéologie n'a pas encore trouvé son maître, son prophète, quand son église n'a pas encore recruté ses chantres, les observateurs peuvent croire un temps à sa disparition. Les difficultés de l'observation ne signifient pas que son champ s'est épuisé. Pas plus que de constater, par exemple, que la religion catholique décline, notamment dans sa pratique, ne permet d'en déduire la mort des religions, encore moins celle des idéologies en général.

Pour ce qui nous intéresse, retenons que la forme des idéologies surtout change. Le temps n'est plus, en effet, des vastes doctrines articulées avec soin, fondées sur une œuvre maîtresse, un livre-bible, et qui s'appuient sur un immense parti en ordre de bataille, une bureaucratie gigantesque. Oui, le marxisme a vécu, même s'il en reste, et pour longtemps, de multiples traces fossiles. Mais toutes les idéologies n'ont pas son architecture colossale. Toutes ne vivent pas aussi longtemps, n'agonisent pas si péniblement.

Lorsque les modes de diffusion de la pensée, ou de communication, prennent une place aussi importante que de nos jours, la naissance, la diffusion d'une idéologie – et sa mort – ne suivent plus le même chemin. Elles sont moins solennelles, surtout moins évidentes, au point qu'on peut les croire inexistantes. Ce serait oublier que leur persistance répond à un besoin d'organisation des sociétés mais aussi à un besoin de croyance, de cohérence et de sécurité des hommes eux-mêmes. La part intellectuelle des idéologies d'aujourd'hui peut être plus faible qu'auparavant. La composante émotionnelle plus forte. Les messages sont à la fois plus grossiers – sous forme de mots, de gestes, d'attitudes, de slogans – et plus subtils – utilisant en permanence la machine médiatique et le discours subliminal. Le sarkozysme fait partie de ce nouvel âge des idéologies.

L'IDÉOLOGIE SARKOZYSTE PAR DÉFAUT : L'IDÉOLOGIE C'EST L'AUTRE

Les principes figés, la pensée arrêtée, l'idéologie déclinée proposition après proposition, c'est évidemment toujours l'autre. Le sarkozysme dénonce avec constance la « pensée unique » – l'expression bien sûr n'est pas de lui et a été utilisée auparavant pour tout autre chose. Il vise, semble-t-il, une sorte d'humanisme dévoyé et pleurnichard conduisant à voir en chaque individu le produit de son passé, les influences de la société, de l'histoire... bref, du monde qui l'entoure, plutôt que l'individu dans sa pureté, maître de soi et de son sort. La pensée unique, selon Nicolas Sarkozy, serait surtout une façon de penser « excessivement » l'homme, de chercher à le comprendre à toutes forces : un apitoiement inutile dans une société où seuls les actes ont une signification, où le temps est compté et décompté, où l'argent est roi et où le décideur est un homme pressé.

L'apostrophe la plus méprisante du sarkozysme, et peut-être la plus révélatrice de sa conception des libertés, est celle de « droits-de-l'hommiste ».

Une expression venue, comme tant d'autres, de l'extrême droite. Elle a pour cible tous ceux qui critiquent les projets de réforme trop répressifs. Ou qui fustigent les contacts de plus en plus étroits entre la France et certains pays autoritaires voire dictatoriaux courtisés pour des raisons économiques ou géopolitiques. Le droits-de-l'hommiste ne pense qu'aux libertés alors que seules les réalités d'un monde brutal, impitoyable et d'une économie mondialisée devraient dicter notre conduite. Ce souci des libertés est non seulement tourné en dérision mais taxé d'hypocrisie. Seul le réalisme économique et politique est légitime. « Tous les droits-de-l'hommistes de la création passent porte de Saint-Ouen en disant "Mon Dieu, les pauvres !" puis s'en vont dîner en ville », dit Nicolas Sarkozy (24 octobre 2002).

La dénonciation sans relâche de Mai 68 est un autre fer de lance idéologique du sarkozysme. Là encore, il emprunte sans hésiter davantage à la droite extrême qu'à la droite classique. Il faut « liquider cet héritage », scandait Nicolas Sarkozy le 29 avril 2007, au Palais Omnisports de Bercy. « Mai 68 nous avait imposé le relativisme intellectuel et moral. » Il vaut mieux des valeurs sûres, des distinctions claires qui ont toujours fait leurs preuves : « le bien et le mal, le vrai et le faux, le beau et le laid. » Il ne s'agit pas seulement de prôner, à rebours, l'individualisme, la volonté de réussite, l'inégalité naturelle des hommes, la primauté de l'effort et du travail. Passer Mai 68 à la trappe, c'est, en matière de liberté, privilégier coûte que coûte la tradition, l'ordre, la fermeté, la répression sans faille face au désordre. L'esprit de tolérance devient un signe de décadence, une tendance délétère, à laquelle s'oppose fièrement la revendication d'une tolérance zéro et la disparition définitive du laxisme.

Dénoncer l'idéologie de l'autre, c'est aussi dénoncer les intellectuels. Une fois de plus, référence est faite à l'extrême droite ou plus exactement au mouvement populiste. L'une des plus fortes caractéristiques du populisme, l'un de ses atouts majeurs, est sa vision totalement réductrice du monde. A peuple simple, logique simple. Peu de couleurs. Pas de demi-teintes. Le raisonnement populiste est par essence manichéen. L'introspection, la remise en cause personnelle, le sentiment de culpabilité ne sont pas de mise. Le nouveau populo-sarkozysme ne veut pas s'embarrasser des subtilités de l'intelligentsia, empêtrée dans ses concepts fumeux et ses mots compliqués. Pour autant il ne se coupe pas totalement du monde intellectuel, loin de là. Paradoxalement il y cherche toujours des alliés. Lorsque Alain Finkielkraut, dans un entretien au quotidien *Haaretz* en date du 17 novembre 2005, déclarait que la crise des banlieues était « une révolte à caractère ethnico-religieux », affirmait que « la plupart de ces jeunes sont des Noirs ou des Arabes avec une identité musulmane » et soutenait que « l'antiracisme sera au XXIe siècle ce qu'a été le communisme au XXe siècle », il n'avait pas de plus fidèle supporter que Nicolas Sarkozy. « M. Alain Finkielkraut, proclamait celui-ci le 4 décembre 2005, est un intellectuel qui fait honneur à l'intelligence française et s'il y a tant de personnes qui le critiquent, c'est peut-être parce qu'il dit des choses justes... Lui ne se croit pas obligé de défendre cette pensée unique qui n'a eu comme seul résultat que de porter le Front national à 24 %. Voilà le seul résultat de tous ces bien-pensants qui vivent dans un salon entre le café de Flore et le boulevard Saint-Germain, et qui s'étonnent que la France leur ressemble si peu. »

Agir plutôt que penser : dans sa fascination de l'action, le sarkozysme véhicule une dénonciation de toutes les idéologies. Là est peut-être le pire des dangers. Car cette attitude attaque la pensée elle-même. Le temps est fait pour travailler. Travailler plus et penser moins. Cesser de bâtir des systèmes qui ne servent à rien. Nicolas Sarkozy le revendique haut et fort. « Le "sarkozysme", dit-il, n'existe pas comme doctrine ni peut-être sur le plan des idées : je ne suis pas un théoricien, je ne suis pas un idéologue, oh ! je ne suis pas un intellectuel : je suis quelqu'un de concret » (TF1, 20 juin 2007). Mais c'est son ministre des Finances, Christine

Lagarde, qui le formule de la façon la plus franche qui soit. Devant l'Assemblée nationale en juillet 2007, lors du vote de la loi TEPA, elle s'exclame : « Cessons d'opposer les riches et les pauvres comme si la société était irrémédiablement divisée en deux clans. Cette loi est destinée à tous ceux qui travaillent, quels que soient leurs revenus. Que de détours pour dire une chose au fond si simple : il faut que le travail paye. Mais c'est une vieille habitude nationale : la France est un pays qui pense. Il n'y a guère une idéologie dont nous n'avons fait la théorie. Nous possédons dans nos bibliothèques de quoi discuter pour les siècles à venir. C'est pourquoi j'aimerais vous dire : assez pensé maintenant, retroussons nos manches. »

LE PREMIER PILIER :
L'HOMME ET SON DESTIN
DANS UNE SOCIÉTÉ SANS RISQUE

L'idéologie par défaut du sarkozysme repose donc sur un rejet de certaines constructions intellectuelles, un rabaissement des libertés, une simplification du monde, le refus de toute complexité. Elle développe l'image d'un homme simple placé devant des choix simples.

L'idéologie positive du sarkozysme, elle, repose sur des concepts tout aussi élémentaires. Le corps de doctrine n'est pas bien épais. Il n'en est que plus intangible. Le premier touche à la conception même de l'homme. On retrouve la problématique des libertés, mais au second plan, comme conséquence de la réponse à cette question fondamentale : quelle est la part de liberté chez l'homme ? Quel peut être son degré d'indépendance par rapport à de multiples facteurs qui peuvent influer ou dicter son comportement ? A ce questionnement de base qu'on ne pensait pas convié si tôt à pareille fête, le sarkozysme apporte des réponses très tranchées qu'on retrouve dans quelques textes, quelques interviews et qui sont déclinées avec rigueur dans nombre de réformes mises en œuvre.

Le déterminisme génétique de comptoir

Le sarkozysme c'est d'abord la croyance que l'homme est prédestiné : génétiquement déterminé. « J'inclinerais, pour ma part, expliquait en mars 2007 Nicolas Sarkozy dans un entretien avec le philosophe Michel Onfray, à penser qu'on naît pédophile, et c'est d'ailleurs un problème que nous ne sachions soigner cette pathologie. Il y a 1 200 ou 1 300 jeunes qui se suicident en France chaque année, ce n'est pas parce que leurs parents s'en sont mal occupés ! Mais parce que, génétiquement, ils avaient une fragilité, une douleur préalable. » A l'issue de cette rencontre, Michel Onfray explicitait bien la portée idéologique de ces propos : « Il pense que le mal existe comme une entité séparée, claire, métaphysique, objectivable, à la manière d'une tumeur, sans aucune relation avec le social, la société, la politique, les conditions historiques... Il pense que nous naissons bons ou mauvais et que, quoi qu'on fasse, tout est déjà réglé par la nature. »

Cette affirmation de la toute-puissance de la génétique correspond à une certaine évolution scientifique : à l'importance croissante des recherches et des découvertes en la matière. De nouveaux gènes apparaissent, impliqués dans la genèse de maladies graves, entre autres de certaines pathologies mentales. Des programmes de traitement en découlent. Il est alors tentant de se dire : occupons-nous du seul problème génétique ; l'homme lui-même, porteur de ce gène, est finalement moins concerné. Le malade étant en quelque sorte programmé, son avenir et sa prise en charge le sont. Nous savons que la réalité est tout autre, qu'aucune programmation génétique ne se développe de la même façon, que l'environnement joue un rôle déterminant pour donner à n'importe quelle composition génétique son individualité, sa spécificité, qu'il permet à la personne d'échapper à la règle commune, au classement statistique. Personne n'est enfermé dans un destin.

Pierre Ancet, de l'université de Toulouse-Le Mirail, écrivait en 2004 : « A mesure des avancées scientifiques, la distance entre nos connaissances et le pouvoir de prédiction qui en découle s'avère plus importante que prévu. L'idée que la connaissance puisse prédire l'avenir et permette une action libre est devenue moins une théorie scientifique que la marque d'une idéologie, notamment celle des idéologies socio-biologiques qui voudraient faire croire à la maîtrise future de notre organisme. »

Inutile de chercher dans ce déterminisme idéologique une référence quelconque à des philosophies prestigieuses. Oublions le stoïcisme, Leibniz ou d'autres, nous en sommes loin. Il s'agit d'une génétique de comptoir adoptée – en toute sincérité – parce qu'elle colle si bien à l'idée d'une sélection et d'une catégorisation des individus. Elle permet, en déformant la science et en faisant croire à une donnée de nature, d'exclure les déviants ou de les mettre hors d'état de nuire. Ce sont les mêmes conceptions imbéciles, le même niveau de sottise qu'on retrouve dans les théories qui ont fleuri voici un siècle et pas seulement parmi les théoriciens antisémites ou racistes dont le nazisme est l'apothéose. L'eugénisme, rappelons-le, n'était pas une idée réservée à quelques intellectuels ou mouvements extrémistes. Le fantasme d'une sélection des races était largement répandu dans la société tout entière. Il n'aurait pu prospérer comme il l'a fait dans les régimes totalitaires s'il n'avait trouvé un terreau favorable constitué de longue date. L'histoire démontre bien sur quoi débouchent ces idées prétendues scientifiques qui sont très exactement à l'opposé de la science, de l'esprit scientifique et évidemment de l'humanisme : elles sont autant de mauvais germes qui, un jour ou l'autre, peuvent servir à d'autres pour légitimer des pratiques de sélection et d'élimination.

La détermination et la prédiction de la dangerosité

Ce fantasme génétique est le dernier avatar d'un désir récurrent de prédictivité. Rien de plus banal que cette entreprise qui en a ridiculisé plus d'un depuis les débuts de l'humanité. Qu'on se fie à la course des planètes, au mystère des nombres, à la texture d'un foie de poulet ou au hasard d'un marc de café. Plus inquiétante est la tentative de prédire l'avenir de l'individu à partir de l'individu lui-même. Plus inquiétante encore, lorsque nos nouveaux devins ne s'intéressent qu'aux individus « dangereux ». Le sarkozysme est obsédé par le repérage de ces êtres dérangeants, ce peuple aux contours variables dont la définition s'adapte au gré des peurs.

Comment identifier l'individu porteur, non plus d'un gène maléfique, mais d'une structure de personnalité déviante ? Comment détecter ce fauteur de désordre dans la masse des individus ? Il est en effet hors de question, pour cette idéologie-là, de rechercher dans le champ du social, de l'économie, de l'histoire ou de la politique les facteurs d'une déviance, inclinaison qui renverrait aussitôt à la lâcheté honnie d'une pensée unique. Toute déviance ne peut être due qu'à des facteurs individuels qu'il convient de dépister. C'est sur l'individu, et lui seul, qu'il faudra agir pour tenter d'extirper les racines du mal, pour réprimer les mauvais penchants et l'empêcher d'y revenir. Cette idéologie ne verse pas immédiatement dans le manichéisme : il n'y a pas, à la base, les bons et les méchants, mais les potentiellement bons et les potentiellement méchants. La répartition s'opère à partir de grilles de lecture assez simples qui traquent tout écart de comportement susceptible de mettre en péril l'ordre public. Une fois l'avertissement délivré, une fois la sanction tombée, les hommes choisissent leur camp. Ceux qui reviennent dans le camp du bien, que l'on pardonne mais sans rien oublier. Et ceux qui persistent du côté du mal. Il peut donc exister une part sombre en chaque individu, mais une fois cette faiblesse isolée, traitée et surveillée, chaque homme se révélera par les actes qu'il pose librement. S'il

27

persiste, il signe son appartenance au camp des maudits et s'inscrit de lui-même dans cet avenir clos, tissé de surveillance et de punition.

De l'homme prévu à l'homme prévisible

L'idée centrale de cette idéologie est que l'homme, quand il n'est pas génétiquement prévu, est néanmoins prévisible. Et chacun de se précipiter sur la méthode de lecture. A tort. La notice n'est pas livrée avec la croyance. Elle s'élabore ou se rafistole ensuite. Il se trouve toujours suffisamment d'intelligences pour se mettre, dans un second temps, au service du pouvoir et bricoler un corpus savant : l'histoire des sciences nous apprend depuis longtemps que nombre de théories « scientifiques » n'ont souvent été rien d'autre qu'un habile habillage, une imposture de l'esprit. Ici l'entreprise est modeste. Personne ne vise le prix Nobel. Il ne s'agit pas d'écrire un nouveau discours de la méthode mais de donner des « éléments de discours », des références, de quoi étoffer l'exposé des motifs d'un projet de loi et tenir quelques minutes dans un débat télévisé complaisant.

Il va donc falloir bâtir ce discours de la prévisibilité. Faire croire qu'à partir de certains actes, de certains éléments de comportement, il est possible de savoir à l'avance, parfois très tôt, ce qu'il adviendra d'un individu. Dans cette hypothèse, la part de liberté de chaque être se réduit à mesure qu'il se révèle. Son destin est censé être peu à peu décryptable. Toute l'attention de la société doit être portée sur ces signes prédictifs. Un discours d'expertise est donc nécessaire. Des grilles de lecture sont validées. Qu'elles n'ont aucune valeur scientifique réelle est évident, et indifférent aux yeux de ceux qui l'élaborent. Là n'est pas la question. Il s'agit simplement d'emprunter les habits de la science. De transformer des hypothèses en certitudes, d'amalgamer, de solliciter les chiffres, mais surtout de faire taire tout ce que l'évolution scientifique des derniers siècles a apporté à l'humanité, d'endormir tous ceux qui tentent de mettre en œuvre les acquis des sciences humaines.

Le sarkozysme a un besoin impératif d'experts : ces couturiers d'une pseudo-science chargés d'avancer quelques pistes sommaires qui permettront de deviner et de faciliter le tri entre individus. Les enseignants, les psychiatres, les criminologues et bien d'autres corps de métier sont convoqués pour accomplir ce travail de divination. Il faut pouvoir disposer d'une vision complète de l'individu, depuis sa naissance. D'où l'importance du repérage, du fichage précoce et d'un suivi sans faille. Il faut impérativement garder la trace des productions humaines, si misérables soient-elles : pouvoir relire l'itinéraire

d'une vie et réinterpréter ces faits de la vie quotidienne, grands ou petits, qui ne prendront
leur sens qu'à l'occasion d'un passage à l'acte
peut-être tardif. C'est pourquoi le fichage n'est
pas seulement une obsession policière, il est la
condition de l'expertise.

Cette idée d'une prévisibilité repose donc sur
une conception très particulière de l'homme.
Elle ne nie pas la possibilité d'un changement,
d'une évolution mais elle ne les conçoit qu'en
fonction d'une surveillance et d'une contrainte
quelconque. Le destin n'est pas arrêté définitivement mais il est fortement balisé. Dans l'espèce
humaine, certains individus feraient partie de
catégories « dangereuses ». Masse hétéroclite
mais nombreuse, qui n'a d'autre cohérence que
la peur qu'elle suscite, le « mal » qu'elle produit
et son allergie à la sanction.

De quelques hommes prévisibles

Le sarkozysme a son vocabulaire, comme
toute idéologie. Pour justifier cette prévisibilité,
pour borner l'avenir de ces vies, des institutions
fleurissent mais des mots aussi. Un nouveau style
se répand, simple, vulgaire parfois, ordurier
même. « Monstres », « racaille »... Mots-fiches,
mots-prison. Ne nous y trompons pas. Ce ne
sont pas des injures, échappées au hasard d'une

discussion, qui ont fusé dans la chaleur d'un débat. Ces mots sont des slogans. Pire, ce sont des pensées, éructations, non pas de circonstance, mais longuement mûries dans quelque brainstorming, soigneusement pesées et testées pour faire mouche et s'inscrire dans la pensée collective. Monstre : tout est dit. Le présent et le futur. L'individu est exclu de l'humanité. Il n'y a plus de place, nulle part. Monstre il est, monstre il restera. De l'indulgence des hommes, il ne peut attendre au mieux que la survie. La science découvrira peut-être le gène de la monstruosité, comme elle a cru découvrir celui de l'intelligence ou de l'homosexualité. En attendant la société l'élimine. Socialement, si ce n'est physiquement. Définitivement en tout cas. « Racaille. » Le terme pose le même jugement définitif. La racaille, on s'en « débarrasse », nous dit-on. Il n'y a effectivement pas d'alternative, pas d'avenir pour ces bandes, si ce n'est de disparaître, au Kärcher peut-être. Le mot prédit l'individu qui n'a d'autre échappatoire que d'y écrire sa vie et de se plier à l'injonction. Le temps a passé depuis que ces termes sont entrés dans le champ du discours politique. Ils peuvent être enfin détachés de leur auteur, qui les éclipsait, et analysés dans le cadre de cette idéologie qui les utilise à tout-va. Il est plus facile aujourd'hui de saisir le lien entre ces mots et les institutions. De voir comment la simplicité d'une parole prononcée apparemment à l'emporte-pièce se coule dans la loi et le langage courant.

La loi sur la rétention de sûreté qui vise l'enfermement quasi perpétuel des criminels « particulièrement dangereux » traduit le mieux cette conception idéologique du monstre. Elle en est presque la caricature. L'individu n'est même plus jugé sur ce qu'il a fait. Il acquiert le statut d'individu définitivement dangereux et voit son sort scellé à jamais, signé non plus des crimes qu'il a commis mais de ceux qu'il est susceptible de commettre. La peine ne suffit plus : ce monstre est placé en dehors du temps de la sanction ordinaire des hommes.

Encore plus symbolique est la façon dont est conçu l'enfant. L'idée d'un carnet de comportement des enfants agités, un temps caressée par de multiples idéologues, le fichage des enfants « susceptibles de porter atteinte à l'ordre public » (Edvige), le renoncement au droit des mineurs et à sa conception humaniste de l'enfance au profit d'un outil purement répressif, tout cela et bien d'autres réformes encore : autant de symptômes, au-delà de l'enfance, d'une société obsédée par l'ordre et qui cherche inlassablement les outils de contrôle pour maîtriser le présent et conjurer l'avenir.

Quand il s'agit, à terme, de supprimer la spécificité du statut des « mineurs », c'est aussi le statut des « majeurs » que l'on efface. Dans ce grand rassemblement indifférencié, il n'y a plus de place pour le devenir. L'enfant repéré est pris en charge le plus tôt possible. Qui sont ces enfants potentiellement dangereux ? « Les enfants ayant des troubles », nous précise l'avant-projet de loi sur la prévention de la délinquance, dans sa partie abandonnée sous la pression de la société civile. Tout un chapitre, rédigé sous l'autorité du ministre de l'Intérieur de l'époque, s'intitulait : « Dépistage précoce des enfants présentant des troubles du comportement et des signes de souffrance psychique. » Comprenons bien que cette idée n'est pas née dans le cerveau de Nicolas Sarkozy, qu'elle ne s'éteindra pas quand il cessera d'être actif et qu'elle est reprise régulièrement par son parti, l'UMP et notamment par son inénarrable porte-parole. Autour du berceau de ce grand concept, se sont donné rendez-vous les meilleures fées de l'époque. Rappelons-nous le rapport de l'Inserm. Septembre 2005. Des « experts », nous disait-on. Officiellement désavoués ensuite, mais que leurs pairs ont reconnus un temps. Il n'est pas question d'autre chose, pour ces fins esprits, que d'une « prédictivité » de la délinquance. Ils partent donc à la recherche de tout ce qui peut servir leur chasse à la déviance : la froideur affective, la tendance à la manipulation, le cynisme, l'agressivité... l'indocilité, l'impulsivité, l'indice de moral bas... Les jeux de la crèche, la cour de la maternelle deviennent des terrains de repérage des premiers symptômes. Les politiques aussi se penchent sur ces futurs délinquants. Le rapport du député Bénisti (il n'était pas seul à tenir la plume) rédigé définitivement en 2005 et remis à Nicolas Sarkozy avait pour objectif « d'endiguer et de prévenir la délinquance ». Là encore le dispositif proposé est un quadrillage systématique de l'enfance. Dans la « phase 1, comprise entre 1 et 3 ans », il est proposé de repenser la scolarisation précoce, de renforcer le rôle de surveillance de la PMI (Protection maternelle et infantile) et de mettre en place un soutien linguistique pour les enfants étrangers... Quant au fichier Edvige, qui devait recenser dès 13 ans les enfants « susceptibles de porter atteinte à l'ordre public », alors donc qu'ils n'ont même pas commis d'infraction, il s'inscrit évidemment dans la droite ligne de cette doctrine.

Une société sans risque : une société sans liberté

La promesse essentielle est celle d'une société du risque zéro et de la sécurité absolue. Nicolas Sarkozy se décrit et est décrit par ses proches comme un perfectionniste qui ne veut rien laisser au hasard. Un passionné du détail. La société qu'il nous propose lui ressemble étrangement.

A moins que la société qui l'a élu ne l'ait choisi exactement à l'image de ses attentes.

Ce discours sécuritaire a toutes les chances d'être entendu quand le citoyen, perdu dans une multitude de contraintes changeantes, peine à repérer les règles sociales élémentaires tandis que le pouvoir entretient lui-même l'insécurité. Le citoyen attend malgré tout de lui qu'il le rassure et remplisse cette promesse folle d'une assurance tous risques permanente.

Si les promesses des démagogues sont si facilement oubliées, c'est qu'elles sont non pas les leurs, mais celles que suscitent les espoirs du peuple et qu'il suffit d'emprunter, le temps d'une émotion. Attentes fantasmatiques, totalement rétives à la contestation et au raisonnement. Miroir amoureusement tendu au peuple. Petite musique d'une flatterie qui se suffit à elle-même. Peu importent les résultats. Il ne s'agit pas d'être efficace – nous sommes dans le domaine du rêve – mais de tenir un discours sur l'efficacité.

Si l'homme est conçu dans un espace si restreint, si sa liberté à venir ressemble tant à une cour de prison, c'est qu'il faut tenir cette folle promesse d'une société de la sécurité absolue. Chacun sait bien que cette cité impeccable n'existera jamais, que la maladie, le malheur, la folie, le crime existeront toujours. Qu'une société sans risque ne durerait que le temps d'une illusion, celle de la plus impitoyable des dictatures qui contrôlerait et surveillerait tout et chacun. Qu'une société où plus rien d'imprévisible ne peut arriver n'est qu'une société sans liberté. Mais qui refuserait cette mélodie du bonheur, chantant un monde débarrassé de la délinquance, de la récidive, de la folie ? Pour que le rêve d'un monde ainsi aseptisé soit crédible, il ne suffit pas de prôner des politiques inflexibles prétendant à une tolérance zéro et mettant en œuvre une répression implacable, il faut proposer une vision compatible de l'homme et de sa liberté. Affirmer que chaque individu dangereux ou dérangeant est repéré, pris en main et que son avenir sera balisé par tous les instruments possibles du contrôle social, voilà l'un des plus sûrs fondements d'une société sécurisée.

Le premier devoir du politique devient alors un devoir de protection. Plus le danger est fort, plus le passage à l'acte est jugé probable, plus l'individu repéré porte en lui la possibilité d'agissements violents ou antisociaux, plus l'Etat se doit de mettre en œuvre des parades, des gardefous, des systèmes d'enfermement. Par un violent détournement de sens, Nicolas Sarkozy bâtit son projet sur la notion de principe de précaution (qui ne concerne heureusement pour l'instant que le domaine de l'environnement, du fait de la Charte de l'environnement incluse en 2005 dans la Constitution) : « Je ne peux pas accepter, en tant que chef de l'Etat, que l'on ait fait inscrire dans la Constitution le principe de la précaution et que ce principe de précaution que j'ai voté par ailleurs, ne s'applique pas aux victimes innocentes » (20 août 2007).

La délinquance est le terrain privilégié de cette démagogie absolue. Ecoutons Nicolas Sarkozy le 18 avril 2007, quelques jours avant son élection. « Il y a un problème d'autorité, de sécurité, on a vu un certain nombre d'événements, il faut qu'on puisse dire tout simplement que les multi-récidivistes ou les cas, les faits divers qu'on a vus récemment, ce Pierrot dit le fou, qui, alors qu'il n'avait même pas terminé sa peine, s'est permis d'assassiner trois personnes, est-ce que c'est possible ? Est-ce que c'est pensable ? Est-ce qu'on l'accepterait ailleurs ? Il faut, et je le dis aux Français, si je suis élu président de la République, je résoudrai le problème des multirécidivistes dès l'été 2007. » Si l'on essaie de comprendre ces phrases à la syntaxe tourmentée, on arrive à la conclusion que le problème des « multirécidivis-tes » n'est ni « possible », ni « pensable ». Autre-ment dit, il fait partie de ces questions qui peuvent être résolues définitivement. Face à ce risque majeur de toute société qu'est la crimina-lité, le sarkozysme promet un monde débarrassé d'une de ses manifestations les plus inquié-tantes, la récidive. Au nom de l'efficacité et de la crédibilité, une échéance est même fournie.

Chacun sait qu'il s'agit d'un mensonge éhonté, d'une promesse ridicule. Il n'est au pouvoir d'aucun homme politique de faire disparaître ce type de délinquance lié à de multiples facteurs contre lesquels il convient de lutter sans relâche (la toxicomanie, l'alcoolisme, la maladie mentale, la pauvreté...). Peu importe, il faut vendre ce rêve. Quand l'automne fut venu, les multi-récidivistes étaient toujours là. Toujours aussi nombreux. Rien n'était résolu. Une loi avait été votée qui ne changeait rien à rien si ce n'est qu'elle remplissait les prisons de futurs récidivistes. Peu importe, nous avions rêvé. Nous pouvions passer au rêve suivant. En 2008, Nicolas Sarkozy, après un crime commis par un schizophrène, pouvait dire au bon peuple : « Mon devoir c'est de protéger la société et nos compatriotes. »

LE DEUXIÈME PILIER :
LE CULTE DE LA PEUR

L'exaltation des peurs

Si la dangerosité – expliquée par la génétique ou la persévérance dans le mal – est si présente dans cette idéologie, c'est que l'exaltation de la peur en est un des ressorts fondamentaux. « Je sais qu'il faut faire renaître l'espoir parce que les peurs sont nombreuses » (discours du Bour-

38

get). Il s'agit d'un des thèmes fondateurs, inlassablement développé : « La première cause du chômage, de la désespérance, de la violence dans les banlieues, ce n'est pas la crise économique, ce ne sont pas les discriminations, ce n'est pas l'échec de l'école. C'est la dictature de la peur et la démission de la République » (discours du 19 novembre 2005).

Il ne s'agit pas de nier l'existence de la peur qui fait partie de l'histoire de l'humanité, mais de la ramener à sa juste place. Jean Delumeau a montré, mieux que tout autre historien (*La Peur en Occident*, 1978, Fayard), le dialogue permanent que la peur entretenait avec les individus mais aussi les collectivités et les civilisations. Ce « dialogue », le sarkozysme l'entretient avec une ferveur militante. Cette idéologie-là en fait son fonds de commerce. Au sens marchand du terme : à l'achat et à la revente. Elle en achète en la prenant partout où l'homme peut la trouver et en l'exploitant jusqu'à la lie, jusqu'à l'écœurement. Elle la revend en l'instillant dans tous les rouages de l'Etat, en l'installant dans les médias et en tentant d'en faire le ressort ordinaire de nos actions. Le champ est vaste.

De toutes les peurs possibles, l'étranger est la figure la plus emblématique. Il est l'autre, le « barbare », le danger qui, par excellence et en permanence, menace notre « identité nationale », ce concept aux relents nauséabonds, aux contours de forteresse échafaudée contre les incursions ennemies ou les invasions étrangères. Cette angoisse-là, le sarkozysme l'a dérobée sans complexe à l'extrême droite qui en a fait de tout temps sa marque de fabrique. L'étranger n'est pas seulement celui qui n'a pas de « carte nationale d'identité » ou plutôt de « carte d'identité nationale ». Il ne se définit pas seulement, par défaut, comme celui à qui manque une pièce essentielle, mais comme l'individu qui nous détruit en tant que nation et gangrène nos valeurs essentielles. L'intitulé du ministère mêle ainsi, de façon odieuse, les deux mots « immigration » et « identité nationale », désignant, pour ceux qui ne l'auraient pas saisi, la source du péril en même temps que son objet.

Si la peur surgit à nos frontières, la délinquance, elle, va fournir le mélange fantasmatique idéal du crime et de l'étranger. Peu importe que les statistiques prouvent le contraire, peu importe que, selon les chiffres officiels, les étrangers ne représentent que 20 % des interpellations ou 13 % des condamnations. « Etranger » ou pas, le crime est nécessairement « importé ». Le délinquant vient nécessairement d'ailleurs, un ailleurs où il convient de le reconduire au plus vite.

Le thème de l'insécurité a été celui de toutes les campagnes électorales de ces dernières années. Le sarkozysme l'a imposé avec acharnement, dénonçant avec violence tous ceux qu'elle

40

ne faisait pas assez trembler, qu'il taxait d'angé-
lisme pour les politiques, de laxisme pour les
juges. L'insécurité est le dogme incontestable.
Impossible d'apporter la moindre nuance,
d'opposer la moindre réalité, le moindre chiffre, la moindre once de raison à la mécanique
d'un discours implacable déroulant sa compassion pour les victimes, sa haine de la racaille et
son horreur des monstres. Il s'agit d'exagérer
de façon outrancière la réalité de la délinquance : « Comment pourrions-nous éprouver la
fierté d'être français... si pour le monde entier la
France est... un pays où l'on ne peut pas prendre
les transports en commun sans se faire détrous-
ser ! » (Lorient, 3 avril 2007). Et surtout de diabo-
liser les délinquants et la délinquance : toute
tentative de compréhension est une « démission », toute réflexion avant que ne s'abatte le
glaive de la justice un « encouragement ». A
l'opposé de toute raison, il faut créer des réflexes,
des automatismes ancrés dans l'émotion.

L'exploitation de la peur :
le discours victimaire

Ce climat de peur est entretenu avec un soin
minutieux. La criminalité – quoiqu'on revendique par ailleurs sa diminution – est régulièrement mise à contribution selon des méthodes si

bien rodées qu'on les tiendrait pour éculées. Certains crimes, voire de simples délits, sélectionnés avec soin pour leur très forte dose émotionnelle, leur possible impact médiatique et leur utilité politique, deviennent en quelques heures des affaires d'Etat. Des meurtres, des viols, des enlèvements d'enfant, des violences sur des policiers ou des enseignants, qui auraient pu être traités avec sobriété où dignité sont scénarisés en événements médiatico-politiques. Ils vont, chacun leur tour, alimenter la peur. La victime devient un symbole, une icône, un martyr célébré sans la moindre précaution quand le besoin s'en fait sentir. La référence devient systématique. Chacun doit pouvoir s'identifier à elle. Peu importent les dégâts – parfois énormes – que cette surexposition va entraîner pour la victime elle-même. Il ne s'agit pas de la soigner mais de la célébrer sur l'autel d'une idéologie. On ne l'écoute pas, on l'exhibe.

Chacun de ces drames est évoqué crûment, dans ses détails les plus scabreux, dans un style qui rappelle les pires productions du journalisme à sensation et les unes bien sanglantes des feuilles de chou les plus grasses. « Vous vous souvenez de Mme Cremel ? Cette jeune femme de 42 ans assassinée à coups de bâton sur la tête, parce que, pour 20 euros en poche, elle allait faire son jogging » (« A vous de juger », France 2, 30 novembre 2006)... « du petit Ilan qu'on a

retrouvé avec le corps recouvert à 80 % de torture. » Pour pousser l'identification à la victime
à son comble, un déplacement est assuré dans
les plus brefs délais, la victime ou ses parents
montent de toute urgence les marches du per-
ron de l'Elysée. Les caméras suivent, évidemment. Les exemples sont légion.

Le 15 avril 2007 Nicolas Sarkozy se rend à
Aix-en-Provence pour rencontrer la mère d'une
jeune femme assassinée à coups de pierres fin
2004. Il profite ainsi du procès qui vient d'avoir
lieu et qui a abouti à la condamnation de deux
mineurs à vingt-trois ans de réclusion criminelle.
Le hasard fait qu'une caméra se trouve là pour fil-
mer le candidat assis aux côtés de cette mère,
lui tenant la main. Malgré son émotion il arrive
à confier aux journalistes : « J'ai rencontré la
maman de Ghofrane parce que son histoire m'a
bouleversé et parce qu'elle avait souhaité me rencontrer. » Il ajoute : « Moi, je dis que ce n'est pas
parce que le barbare a 17 ans qu'il ne doit pas être
condamné. » Mais qui, en France, a jamais songé
un seul instant que ces accusés mineurs pourraient
échapper à une lourde sanction ? Et le pire vient,
la manipulation électorale grossière : « La maman
de Ghofrane m'a demandé, si j'étais élu, de faire
voter une loi sur les multirécidivistes. »

Le chef de l'Etat cherche par tous les moyens à
diffuser ce sentiment de peur. Il faut que chaque
citoyen participe à l'émotion. Plutôt que d'apaiser

les tensions, de proposer, comme représentant de la nation, la distance nécessaire, il s'engouffre dans le drame et somme chacun de l'y suivre. « Quand je me suis retrouvé devant la famille d'Enis, je me suis dit : "et si j'avais été à leur place"... Mettez-vous aussi à ma place. Je dois répondre à l'interrogation des familles des victimes que je reçois » (discours du 2 décembre 2008). Comme si le premier devoir de l'Etat était de se pencher sur les victimes, comme si les familles étaient en droit d'exiger de lui la réponse qu'elles souhaitent entendre, comme si les pouvoirs publics n'étaient plus que leur fidèle représentant.

La peur aussitôt suscitée et mobilisée, des réformes sont proposées et votées dans la précipitation.

Tout comme l'intelligence était bannie pour comprendre la criminalité, elle n'a pas droit de cité dans l'élaboration et la justification de la solution inlassablement préconisée : le spectre de l'enfermement le plus long possible, la perpétuité s'il le faut, censé faire reculer le bras armé du délinquant. Pour éviter le crime et le traiter, on retrouve le même dogme que pour l'appréhender.

Cette politique de la peur est d'ailleurs avouée sans la moindre gêne. Lorsque la loi sur la rétention de sûreté est votée, début 2008, le rapporteur, le député UMP Georges Fenech, l'explique sans ambages à l'Assemblée nationale : « Oui, c'est une loi de circonstance ! C'est une loi pour les disparues de l'Yonne, pour Del-

phine, pour Céline, pour les victimes de Fourniret, de Fourniret et de bien d'autres et nous
l'assumons pleinement. »

Encore faut-il, pour que cette stratégie fonctionne, que la victime entre dans le scénario idéologique type. La plupart s'y précipitent. D'autres
s'y refusent. Ils ne seront jamais des héros. En
décembre 2008, le petit Diango est enlevé à la
maternité d'Orthez. La procédure d'alerte enlèvement est déclenchée. Grâce à quoi l'enfant est
retrouvé sain et sauf dans les vingt-quatre heures. Le discours des parents tranche avec celui
que l'on entend d'habitude : « Alerte enlèvement,
oui. Surveiller à outrance, non... Nous n'aime-
rions pas que cela incite à une surveillance à
outrance. Je ne souhaite pas qu'on mette des
puces électroniques à nos enfants, ou que l'on
pose des caméras de vidéo-surveillance partout.
J'espère que la société ne prendra pas ce chemin-
là. » Et de demander à rencontrer la ravisseuse.
« Nous ne pensons pas que le fait de l'enfermer
trente ans en prison améliorera les choses. »

La peur comme moteur social : la pénalisation à outrance de la société

Cette exaltation de la crainte ne s'arrête pas à
la criminalité. C'est une conception globale de
l'individu et de ses liens avec la société dans

laquelle il vit qui est en cause. La loi ne mise pas sur l'intelligence du citoyen mais sur sa peur. L'intimider plutôt que l'encourager à penser. Le menacer plutôt que l'éduquer. Construire des prisons plutôt que des écoles. C'est ainsi que fleurissent les miradors, que foisonnent les lois pénales, celles qui font de la désobéissance une infraction, de l'écart un crime, du faux pas une malignité. La « pénalisation » de la société n'est pas nouvelle : le nombre de délits créés depuis une vingtaine d'années dépasse l'entendement. Plus personne ne sait combien d'infractions existent en France. « Nul n'est censé connaître la loi », tel devrait être le nouvel adage. Dans l'idéologie sarkozyste, il ne s'agit plus seulement d'une mauvaise habitude, d'un penchant mal réfréné, mais d'un parti pris mûrement réfléchi. Le recours au droit pénal n'a souvent été qu'un signe de faiblesse, quand diminuait la confiance dans le citoyen. Dès qu'une réforme était votée, le législateur, se méfiant de la vertu des citoyens ou de la force de ses idées, préférait l'assortir d'infractions spécifiques réprimant la violation des nouveaux principes. L'emprisonnement qu'on brandit désormais est une force que l'on revendique. Le programme idéologique s'écrit directement dans les articles du code pénal.

De nouveaux délits ont été créés, disposés dans des champs différents, aux alentours de l'ordre moral et des revendications de l'extrême droite : la répression de la prostitution, celle des jeunes dans les cages d'escalier, celle des pauvres qui n'arrivent pas à payer leurs billets de train, celle des gens du voyage s'installant sur des terrains non autorisés... Les mailles du filet s'étendent à l'infini, là où la règle était plus souple, où une simple loi civile suffisait, là où la liberté existait à l'état pur, là où les citoyens étaient appelés à vivre par eux-mêmes, sans tuteur, sans surveillant.

Pour une fois le credo de l'efficacité est abandonné. S'agissant de ces lois pénales, le résultat n'est pas le but. C'est une question de foi : répondre à la peur par la peur. Nous sommes sur un terrain purement idéologique qui ne s'embarrasse pas de logique, de mesures, de comparaisons. Ceci n'empêche pas, quand, par extraordinaire, la répression marche, de vanter les mérites de cette méthode de père Fouettard. Que la répression du racolage passif soit un échec patent, personne n'en parle : tout le monde sait que la prostitution n'a pas diminué. Mais lorsque l'installation des radars coïncide avec une baisse – provisoire – de la mortalité routière, nous avons droit à un concert d'autosatisfaction. Qui ne sait qu'une fois le radar dépassé tous les conducteurs accélèrent ? Qui ne voit que cette répression féroce accule nombre de conducteurs à préférer risquer de conduire sans permis, ce qui entraîne une augmentation sans précédent du nombre de délits de conduite sans permis et crée en définitive un autre type de criminalité, aux conséquences certes moins tragiques mais très préoccupantes ?

Une société soumise

Il serait légitime de se demander quel est ce type de société où la peur supplante le discernement, où la suspicion remplace la confiance. Car croire l'individu assez faible pour ne réagir qu'à la menace, n'est pas le propre d'un Etat démocratique. Penser qu'il ne choisit d'obéir à la loi qu'une fois brandies les foudres de la sanction, c'est désespérer de sa vertu. Agiter la prison à tout bout de champ, c'est l'habituer à vivre dans un monde d'enfermement. Si la peur est le moteur de nos actions, nous sommes dans le monde de Hobbes : l'individu ne peut sortir d'un état de nature apocalyptique où règne une violence animale qu'en vendant ses droits au Léviathan, qu'en vivant dans une société de type totalitaire dont le moteur essentiel est la crainte. Certes, l'obéissance à la loi est préférable, encore faut-il qu'elle procède d'un véritable choix. La démocratie suscite l'adhésion du citoyen, pas sa soumission. Obéir par peur, ce n'est pas obéir, c'est se soumettre.

L'idéologie

TROISIÈME PILIER :
LA RÉDUCTION DE LA COMPLEXITÉ

La peur de la nature humaine

Si la peur est si présente dans l'idéologie sarkozyste, si le fou, le délinquant y dessinent des images si terrifiantes, c'est que cette idéologie refuse d'admettre la réalité de la nature humaine. Elle abhorre ces déviances et les expulse le plus loin possible, pour ne pas avoir à admettre que nous sommes tous, potentiellement, des fous et des criminels. Dans une vision simplifiée à dessein de l'humanité, ces êtres anormaux deviennent dès lors des boucs émissaires accablés de tous les défauts et de toutes les tares.

**La simplicité revendiquée :
le parler vrai et simple**

La tentation est toujours très forte de dénoncer chez l'autre une certaine forme d'inintelligence, de se gausser d'un aveuglement qui friserait l'imbécillité et de s'attribuer toutes les vertus d'un discernement à nul autre pareil. Avancer que le sarkozysme est une recherche inlassable de la simplicité et un refus farouche

49

de la complexité humaine, ne signifie en rien que les plus actifs de ses adeptes soient des êtres dépourvus d'intelligence ou de profondeur. Bien au contraire : toute leur énergie, toute leur finesse – et elles sont remarquables – sont mises au service de ce dogme idéologique qu'ils revendiquent d'ailleurs haut et fort. Il suffit d'écouter le début de tant de discours, l'amorce de tant d'interviews. Le propos revient comme un tic de langage dans le discours de Nicolas Sarkozy. « Je vais vous dire, c'est simple »… « Le problème de la France est assez simple »… « Non, mais enfin c'est très simple… »

Ce soi-disant « parler vrai », ce langage « réel » n'est rien d'autre qu'une vieille recette de la démagogie et une astuce plus récente du marketing politique. Il s'agit d'imposer d'emblée l'idée que la vie est simple, que le politique est là pour vous simplifier la vie, qu'on ne va pas fatiguer le citoyen avec des subtilités qui sentent l'intellectualisme. Quelle que soit la grosseur de la ficelle, l'avantage est réel, pour qui vous entraîne vers le plus facile. Le handicap quasi insurmontable pour qui veut porter la contradiction et oser deux sous de complexité. La vérité a cette funeste réputation d'être simple et de s'énoncer en peu de mots.

En dernière analyse, c'est le « bon sens » qu'on appelle à la rescousse. Quand tout ce que compte le monde des professionnels de l'enfance se mobilise contre l'emprisonnement des mineurs de 12 ans préconisé par Rachida Dati, celle-ci, benoîtement, assure qu'il s'agit d'une mesure de « bon sens » avant d'y renoncer piteusement quelques mois plus tard. Le bon sens est le premier et le dernier argument de l'ignorance.

L'homme simplifié

Pour le sarkozysme l'homme est simple. En tout cas, il doit l'être. Il l'est donc toujours plus qu'il n'y paraît. On trouvera pourtant, dans le discours, quelques références à la dimension intérieure, à la spiritualité, quelques citations parsemées par ses conseillers, quelques patronymes de penseurs ou de philosophes, posés là comme des bougies qu'on allume un soir de fête. Mais une fois la révérence faite, on en revient immédiatement à cette vision rudimentaire, manichéenne : le bien et le mal, le bon et le mauvais...

Le refus du complexe n'est rien d'autre, en fait, que le refus désespéré et pathétique de la face obscure de l'homme. La peur, la véritable peur, elle est là : celle d'admettre qu'en chacun de nous il y a tous les ingrédients du meilleur, mais aussi du pire. Quand le président de la République se gausse en privé des « dingos » ou popularise le terme de « racaille », il essaie d'imposer la vision d'êtres déviants qui ne sont là que pour « empoisonner la vie des honnêtes gens ».

La ligne de partage entre le bien et le mal ressemble à une frontière solidement gardée. Ici les braves gens, là-bas, au-delà du mur et des barbelés, les voyous. Ici, ceux qui ont opté pour le bien, naturellement ou par peur de la punition, de l'autre côté ceux qui ont délibérément choisi le mal. C'est cette expulsion illusoire mais radicale du mal qui est en chacun de nous, qui permet de l'isoler définitivement ailleurs. C'est cette vision idéologique d'un homme simple qui va autoriser la fabrication d'un être malfaisant construit autour des figures mythiques du moment. C'est ce dogme-là qui va permettre d'exclure, d'étiqueter, de ficher, de désespérer de l'homme qui ne rentre pas complètement dans la case « normale ».

Cette même vision simpliste de l'homme est aussi à l'origine de l'exaltation de la victime. Chacun doit pouvoir s'identifier à elle, tout ce qu'elle a pu subir doit être ressenti par chacun pour qu'il puisse entrer dans cette grande catégorie des victimes potentielles qui communiera à chaque fait divers dans une émotion partagée et célébrée. La consolidation de ce peuple des victimes-par-assimilation va permettre de mieux isoler le petit peuple des coupables.

L'idéologie

L'homme désincarné

Si tout est si simple, c'est que, dans cette idéologie-là, l'homme vit isolé de tout contexte. Le sarkozysme oscille entre deux pôles extrêmes : d'un côté le poids écrasant d'une destinée (parfois génétique), de l'autre l'évidence apparente d'un libre arbitre absolu. Qu'un jour, par exemple, le problème des bandes se pose de façon plus aiguë qu'à l'accoutumée, la solution sera des plus simple : il faut changer la loi. Si la violence a surgi – ou resurgi – c'est que la loi était encore trop douce. Le raisonnement est toujours le même. Celui qui s'apprête à commettre une infraction est face à un choix : passer à l'acte ou non. Ce qui va le déterminer est le risque encouru. Si la loi ajoute quelques années de prison aux peines déjà prévues, l'individu renoncera. L'équation est simple. Agir ou s'abstenir résulte d'un calcul, quasi économique. D'un côté les avantages, de l'autre les inconvénients. C'est donc cet homme abstrait, totalement désincarné qui sert de base politique. Malheur à qui voudrait rappeler la réalité, les réalités. Malheur à qui oserait dire que l'homme n'arrive jamais seul, qu'il vient toujours accompagné, qu'il est multiple et complexe, plein d'histoire et d'histoires, de familles et de villes, d'espoirs et de dettes, d'héritages et de partages... Remettre un homme au milieu de toute cette vie, retisser, même un instant, tous ces liens qui l'attachent et le fondent, qui l'expliquent et le nomment, serait une faiblesse, une concession inadmissible, voire un encouragement.

L'enfant simplifié

L'une des plus évidentes « réductions » d'une réalité vitale concerne l'enfance. L'ensemble des connaissances accumulées depuis plus d'un siècle, des découvertes sur la petite enfance, sur l'évolution de l'enfance, et la problématique de l'adolescence sont laissées de côté au fur et à mesures des réformes. C'est en fait le regard sur cet âge de la vie humaine qui change.

Nous passons d'une attitude bienveillante et protectrice, fondée sur l'observation, l'accompagnement, l'aide, l'éducation mais aussi l'autorité, à une position de défiance et de peur. L'être complexe, en évolution permanente, ce petit d'homme en devenir, est dès l'abord regardé comme un être potentiellement dangereux.

Pour que ce bouleversement soit indolore, les mots changent, là aussi. Le terme d'« enfant » est abandonné dans le projet de réforme de l'ordonnance de 1945. Trop rempli de tendresse et de bonté, il est remplacé par celui de « mineur ». Le tribunal pour enfants, dans le projet de la commission Varinard, devient le tribunal des mineurs. La froideur technique permettra d'éviter toute compassion.

Toute la complexité, toute la diversité de l'enfance sont niées, remplacées par une image menaçante, lisse et fausse. La confusion devient totale. Les distinctions les plus élémentaires tenant à l'âge sont bannies. On voit, en mai 2009, une escouade de policiers interpeller à la sortie d'une école deux enfants, dont un de 6 ans, soupçonnés à tort d'un vol de vélo. Ils sont conduits au commissariat et gardés pendant deux heures. L'émotion est grande dans la population. La réalité d'un enfant de 6 ans est encore bien présente dans notre culture. Seul le responsable de la police local, totalement imprégné de l'idéologie ambiante, affirme que tout cela est « banal ».

Le même jour, l'ancien ministre de l'Education nationale propose pour mettre fin à la violence à l'école, outre des portiques à l'entrée des établissements, la fouille des cartables, la création d'un corps d'intervention mobile d'agents scolaires capable d'opérer en urgence pour constater les délits, confisquer des armes, procéder à des fouilles... L'un des principaux lieux de vie de l'enfant deviendrait une sorte de camp retranché. Refusant de comprendre le malaise scolaire, incapable d'appréhender les causes de la violence, cette idéologie répressive tente de plaquer sur le monde de la jeunesse des solutions empruntées à celui des adultes. Comble du ridicule, l'entourage du ministre explique qu'à la SNCF, il existe déjà des brigades de surveillance du même type, comme si l'Education nationale pouvait être comparée à une entreprise de transport, l'élève à un client des chemins de fer.

Toutes ces propositions démagogiques correspondent à la ferme volonté d'un retour au paradis perdu du temps de l'enfant soumis. Epoque bénie, bien avant l'ordonnance de 1945, bien avant la Convention internationale de New York de 1989 sur les droits de l'enfant, époque où l'on ne songeait pas à défendre et comprendre les enfants. Où n'existait pas un « défenseur des enfants » et toutes ces institutions créées parce que nous avons appris que cet âge était fragile et qu'il avait besoin de protection et de soutien. Xavier Darcos est le chantre du retour à cette époque de l'enfant simplifié. Quelle joie dans ses yeux quand il voit les écoliers anglais tous vêtus du même uniforme. Il aimerait tant pouvoir revenir à l'avant-1968, date honnie, après laquelle l'uniforme n'est plus porté en France en dehors de quelques institutions privées ou de la Maison d'éducation de la Légion d'honneur. Il aimerait tant pouvoir, lui aussi, décerner des médailles aux heureux titulaires du baccalauréat. Il préconise inlassablement le « retour de la discipline », demandant, selon l'expression de Nicolas Sarkozy, que l'on revienne aux « fondamentaux » dans l'école primaire, dont l'enseignement de la morale, se gaussant de toutes celles et de tous ceux qui changent les couches en maternelle.

Le pire – à ce jour – a été atteint lorsque l'emprisonnement des enfants de 12 ans a été proposé, début 2009, dans le cadre de la réforme de la justice des mineurs. Rachida Dati, on l'a dit, y voyait du « bon sens », avant d'y renoncer sous la pression de François Fillon. Mais que sait-elle de l'enfance ? Qu'en savent-ils, tous ces fervents partisans de l'enfermement des petits et des toujours plus petits ? Que faudrait-il leur faire relire ou plus sûrement lire ? Freud ? Piaget ? Dolto ? Winnicott ? Que faudrait-il leur faire voir ? *La Guerre des boutons* ? *Les Quatre Cents Coups* ? Pourquoi nier à ce point notre culture ? La mise en place chaotique des établissements pénitentiaires pour mineurs à compter de 2007 aurait dû conduire à moins de suffisance. Les programmes d'occupation intensive des jeunes détenus avaient été conçus comme une suite ininterrompue d'activités. Les meilleures intentions du monde présidaient à cette bonne œuvre. Elles péchaient, hélas, par une ignorance absolue de la personnalité et de la vie de ces enfants et adolescents. Non, le « mineur délinquant » n'est pas simplement un gosse qu'il faut occuper. Il n'est pas comme ces enfants dont on cherche plus ou moins à se débarrasser en leur imposant mille activités plutôt que de les laisser s'exprimer et de les écouter. Il a fallu revoir très vite ces programmes si bien huilés des « EPM », admettre que l'enfant était peut-être un peu plus compliqué qu'il paraissait. Les drames cependant n'ont pas été évités. Le suicide d'un jeune de 16 ans, qui avait déjà fait plusieurs tentatives, début 2008 dans l'EPM de Meyzieu, le premier du genre, considéré comme un modèle par le ministère de la Justice, a montré le gouffre existant entre la réalité de la vie de ces enfants et les représentations idéologiques plaquées de force sur elle. Le rapport de la Commission nationale de déontologie de la sécurité sur le sujet est consternant. Il dénonce « un manque total de coordination et de circulation de l'information ». On frémit à lire ce passage : « La Commission s'est indignée de la note d'information du directeur d'établissement, remise au jeune détenu et indiquant : "Vous êtes fortement incité à travailler autour de la question du suicide", alors même qu'il avait déjà fait, au cours des six semaines précédentes, quatre tentatives de suicide. Le bon sens et un peu d'humanité auraient dû permettre d'éviter la remise d'une telle note. » Un peu de temps, un peu d'attention, un peu d'humilité, un peu de réflexion. Tous ces « un peu » forment, au bout du compte, ce « un peu d'humanité » sacrifié, comme d'habitude, aux impératifs de l'ordre, de l'autorité, de la rigueur éducative et répressive. Ce n'était évidemment pas au personnel pénitentiaire de se questionner et de « travailler sur la question du suicide ». C'était à l'être en souffrance, à l'individu qui avait déjà fauté, au récidiviste de la tentative de suicide, de se remettre en cause.

Idéologie de la simplicité, idéologie de l'action

Cette image caricaturée de l'individu, brossée en quelques rares traits, trouve aussi sa source dans une « philosophie » qui est celle de l'action. La réflexion, qui permet d'appréhender un minimum la complexité de l'individu, est toujours évoquée comme une perte de temps, une soumission, une défaite du politique. L'homme moderne est un homme pressé qui risque de diluer sa pensée dans un excès de détails, de compromettre son action dans un méandre d'explications inutiles. L'humanité, c'est vrai, devient un luxe.

Lorsqu'il évoque sa politique, Nicolas Sarkozy parle essentiellement de l'agir. En 2004, déjà, alors qu'il était ministre des Finances : « Je n'ai pas le temps de me définir. Je suis ministre des

Finances pour agir, pas pour commenter le dernier débat d'idées à la mode. » Toutes ses promesses sont des promesses d'action : « 2006 sera une année d'action », disait le ministre de l'Intérieur de l'époque. Ou encore : « Je ne suis pas né pour subir, je suis fait pour agir. » Les premières phrases de l'introduction de son livre *Témoignage* résument toute cette philosophie : « D'aussi loin que je me souvienne, j'ai toujours voulu agir. Dans mon esprit la parole, les idées, la communication n'ont de sens que dans la mesure où elles permettent et surtout facilitent l'action. »

Le sarkozysme se caractérise effectivement par un rythme effréné d'actions. Dans la phraséologie en vigueur on parle de « réformes », qui se succèdent de semaine en semaine, voire de jour en jour. Beaucoup attribuent ce maelström politique à la personnalité tourmentée de Nicolas Sarkozy ou à une stratégie d'étouffement de l'adversaire politique. C'est s'en tenir à l'écume de la réalité. Il s'agit en fait d'une des caractéristiques essentielles de cette idéologie qui s'appuie sur un activisme parfaitement maîtrisé. Chaque difficulté voit surgir « la » solution qui s'impose avec l'évidence de l'immédiateté. Cette vie politique haletante tient de ces jeux télévisés où gagne celui qui a répondu le plus vite aux questions les plus inattendues. Pour que la réponse soit si rapide, il faut que le raisonnement soit court et simple. Le temps d'une réflexion ne sera choisi qu'en cas d'opposition irréductible, si la « réforme » nécessite un accord politique plus large que d'habitude ou pour de pures raisons tactiques. Pour le reste, le sarkozysme nous plonge dans un tourbillon incessant d'évidences, transformées en actions, elles-mêmes inséparables de la communication.

Simplicité des solutions, la solutionnite

Dans tous les domaines surgit cette maladie curieuse, une sorte de solutionnite aiguë. Il ne faut pas chercher, mais trouver. Il serait hors de question de dire : « Attendons, réfléchissons. » Ou bien : « Nous ne savons pas encore. » Le sarkozysme ne connaît pas le doute. Impossible en fait de ne pas être dans cette politique d'immédiateté, de proximité qui colle à toutes les émotions et conduit inévitablement à des réponses du même type.

Cette pathologie produit des ravages en politique intérieure. Elle n'a pas fait illusion très longtemps sur la scène internationale, attirant des remarques aussi justes que perfides de nos voisins européens. Le 27 octobre 2008, le Premier ministre suédois, Fredrik Reinfeldt (la Suède dirige l'Union européenne jusqu'à fin 2009), déclarait lors d'un sommet extraordinaire des 27 à l'attention évidente du président français : « C'est peut-être moins important de montrer qu'on est tout le temps en train d'agir, que de faire les choses correctement et de prendre le temps d'analyser. »

Il faut que la solution soit visible, si possible technique, et qu'elle frappe l'imagination. Ce principe se marie admirablement bien avec le pragmatisme affiché puisque le politique semble ainsi se détacher de toute idéologie, de tout a priori et concentrer sa réflexion et son action sur le problème concret, qu'il faut affronter dans l'urgence. La réalité est tout autre. Car les vraies solutions, celles qui exigent un peu de complexité en jouant sur plusieurs tableaux et en misant sur l'homme, ces solutions-là ne sont jamais mises en avant. Pire, la rapidité en politique n'est en rien le gage de l'indépendance d'esprit, de la liberté du choix. C'est même très exactement le contraire. Les solutions arrivent, certes, mais ce sont toujours les mêmes, étroitement prisonnières de l'idéologie dominante et de ses simplifications outrancières. Loin de « moderniser », elles ressassent des idées toutes faites et des recettes éculées.

La solution simple de l'article 222-14-1

Fin 2006, les attaques contre des policiers faisaient beaucoup parler d'elles. Il n'y en avait pas plus que d'ordinaire, mais certaines d'entre elles mettaient davantage en évidence le phénomène récurrent des bandes. A Corbeil-Essonnes, aux Mureaux, à Epinay-sur-Seine... des policiers étaient attaqués dans des conditions qu'une certaine presse et le gouvernement qualifiaient rapidement de guet-apens. « On ira les chercher un par un », lançait bravement Nicolas Sarkozy alors ministre de l'Intérieur, au sortir d'une visite largement médiatisée à un policier blessé. La solution qu'il trouva immédiatement fut de modifier le code pénal. C'était simple. On pouvait ainsi sans attendre parler d'aggravation de la répression, d'années de prison et rassurer le peuple par cette démonstration verbale de force. Les syndicats de policiers se montraient très satisfaits. Une disposition spécifique était insérée dans la loi sur la prévention de la délinquance alors en cours d'examen au Parlement. Elle permettait de punir plus lourdement et même de renvoyer en cour d'assises ceux qui, en bande organisée ou avec guet-apens, exercent des violences sur un agent de la force publique ou d'autres professions protégées (sapeur-pompier, agent d'un réseau de transport public). Le nouvel article 222-14-1 du code pénal réglait donc le problème.

Cette gesticulation politique et législative (la loi date en définitive du 5 mars 2007) n'a strictement rien changé au phénomène, bien au contraire. Aucune réflexion n'avait été menée sur les raisons profondes de cette violence, sur sa localisation, sur les rapports de la police et de la population dans ces quartiers et sur bien d'autres questions absolument évidentes, même pour un non-spécialiste.

Deux ans après l'entrée en vigueur de la loi, en mars 2009, il était à nouveau question des bandes. Un peu plus que d'habitude. Deux faits divers avaient été abondamment évoqués par les médias. Cette fois-ci, les bandes s'introduisaient dans les établissements scolaires. Nicolas Sarkozy était président de la République mais l'idéologie restait la même : trouver une solution rapide. La même : modifier le code pénal ! Le président parlait d'une « carence de la loi », oubliant qu'en ce domaine il en avait lui-même fait voter la plupart des articles depuis quelques années. C'était évident, le phénomène des bandes persistait parce que le gouvernement avait oublié l'alinéa salvateur ! Il fallait créer un nouveau délit sanctionnant le simple fait d'être membre d'une bande. Tout était là, dans cette nouvelle loi. Et l'enjeu était de taille. « Ce ne sont pas les bandes qui vont triompher mais la République ! » proclamait toujours aussi bravement le chef de la nation dans la cour du commissariat de Gagny.

LE QUATRIÈME PILIER : L'ORDRE CHIFFRÉ DES HOMMES-MARCHANDISE

L'homme-marchandise dans un monde-marchand

Le sarkozysme, ce n'est pas seulement une certaine conception de l'homme face à son destin, une peur archaïque de l'autre et de ses possibles déviances, une vision simplificatrice du monde. On sent bien qu'au-delà de ce cadre étouffant, ces sombres préliminaires s'accordent en une vision particulièrement rigide et conservatrice de la société des hommes. Nous atteignons alors le quatrième pilier, celui qui assigne à l'individu une place strictement mesurée au sein d'un monde conçu essentiellement comme marchand. L'homme y est bien plus qu'un « homme économique » : il est, selon l'expression directement issue du vocabulaire officiel, un homme « marchandise ». Allons sans détour au cœur du discours. Le 9 novembre 2006, en meeting à Saint-Etienne, le candidat à la présidence tente de se hisser jusqu'à la formulation d'un système de pensées et de valeurs. Il décline rien moins que sa conception de l'humanisme, fondée, c'est inédit, sur la production de biens et sur l'argent.

« Je suis un libéral, au sens où je crois à la liberté. Mais je suis également un humaniste, au sens où je crois que la production de richesse doit avoir un sens, que la morale ça compte, que la spiritualité ça existe, que l'homme a une destinée et qu'on ne fait pas n'importe quoi avec l'homme qui n'est pas une marchandise comme les autres. » Tout est là (y compris le rappel de la « destinée »). Un peu dans le désordre, dans la syntaxe naïve et populaire habituelle. Mais l'architecture globale de l'idéologie est fermement dessinée, ainsi qu'une hiérarchie des valeurs : la fonction marchande de l'homme est tout en haut de cette pyramide. C'est précisément là, la grande et terrible nouveauté. Aucune autre idéologie ne place aussi haut le culte de la fortune et l'exaltation de la réussite par la richesse. Comme il est difficile de faire de cet « enrichissez-vous » contemporain le seul commandement d'une table des lois, d'autres articles de foi ont été ajoutés, empruntés au programme d'une droite plus extrême : l'ordre, la religion et la morale. Il ne s'agit pas de tomber à son tour dans une vision simplificatrice et caricaturale et de ne voir là qu'un habillage trompeur. Ces valeurs sont bien réelles. Mais – et c'est l'originalité – elles sont très largement secondaires. La profession de foi de Nicolas Sarkozy l'affirme sans ambiguïté et avec une franchise désarmante : la morale, la spiritualité servent à donner une certaine dignité, une certaine noblesse à la recherche permanente du profit. « Ça compte ! » « Ça existe ! » Sans plus. On pourrait imaginer que le culte du veau d'or se traduise par un simple étalage de richesses. Ce serait précisément confondre l'homme, Nicolas Sarkozy, et son système. L'ostentation provocatrice est liée au personnage. Elle est évitable. Le sarkozysme pourrait être austère. Il le sera nécessairement, demain, par réaction. Pour l'instant, la bêtise est de mise. Il faut supporter la philosophie d'un Jacques Séguéla, l'un des grands prêtres de l'époque, qui, avec un bel enthousiasme et une magnifique sincérité (personne n'est obligé de croire les excuses qui ont suivi), permet de mesurer l'état actuel du phénomène : « Tout le monde a une Rolex. Si à 50 ans on n'a pas une Rolex, on a quand même raté sa vie. »

L'antihumanisme

Une des nouveautés de cette idéologie est la confusion volontaire des valeurs. On essaie de faire croire à un humanisme en utilisant le terme, comme tant d'autres mots sont convoqués pour simplement colorer le tableau. Or la teinte de ce mot, « humanisme », dans le paysage sarkozyste, jure trop avec le reste de l'œuvre. Nous sommes, comme d'habitude, dans cette stratégie de communication par le paradoxe où le vocabulaire se décompose, où les mots, utilisés à contre-emploi, donnent aux valeurs un goût frelaté et où le sens s'échappe à grands flots. Car nous voici aux antipodes de l'humanisme, dans l'antihumanisme. Qu'est-ce que l'humanisme, si ce n'est la primauté du spirituel sur le matériel ? L'accumulation du savoir, de la sagesse plutôt que l'entassement des richesses ? L'être plutôt que l'avoir ? Le particulier, l'individuel avant le chiffre et les statistiques ? La liberté plutôt que la « destinée » ? L'aide et la compréhension plutôt que la compétition et la recherche de l'excellence ? La prévalence des droits fondamentaux sur les intérêts particuliers ? Or sur tous ces terrains, le sarkozysme prend systématiquement le contre-pied de l'humanisme. Matérialiste, oligarchique, compétitif, inégalitaire, dans sa vision ordinairement simpliste, il cherche en permanence à repérer les meilleurs et les pires. Pour le meilleur et pour le pire.

Une idéologie ploutocratique : les plus riches sont les meilleurs

Il vaut mieux, effectivement, se trouver en haut de l'échelle sociale. Le sarkozysme est ploutocratique : il prône l'exercice du pouvoir par les plus riches pour les plus riches. Mais ne nous trompons pas, la jouissance publique des richesses

– même si elle est plus discrète depuis la crise –
n'est pas l'aspect majeur de cet exercice politique.
Yachts, Fouquet's, suites luxueuses... ne sont
que des accessoires éphémères. L'essentiel est
dans cette conviction, ce dogme : seule la réussite compte et ce succès se mesure à la fortune
acquise. La richesse n'est pas une valeur en soi.
Elle importe parce qu'elle traduit l'« excellence ».

Les plus riches sont les plus aptes à décider, à
gouverner. Leur fortune les désigne automatiquement comme l'élite capable de faire marcher un pays. La réussite financière est le critère
du meilleur. Recevant les députés UMP à l'Elysée, le 25 mars 2009, le président de la République l'énonçait ainsi : « On a un complexe en
France avec ceux qui réussissent, qui gagnent de
l'argent. » Le monde est avant tout un marché.
Sa loi est la compétition. D'où le mépris constamment affiché par le chef de l'Etat pour
l'Ecole nationale d'Administration et son dédain
plus général pour « la religion des concours ».
L'accès républicain au pouvoir, la tradition des
« grands fonctionnaires de la République », le
sarkozysme n'en veut plus. Il préfère « les combattants qui prennent des risques » (24 janvier
2009), autrement dit les entrepreneurs, les
hommes du privé, ceux qui ont pu amasser de
l'argent en brassant des affaires, à coups de
contrats juteux, d'absorptions, de fusions, en

préférant le capital financier au capital humain. Les hommes d'affaires ont toujours fréquenté les allées du pouvoir. Bernard Tapie, avant de profiter des faveurs du président actuel, avait été fait ministre de la Ville par François Mitterrand, lui-même entouré de bien d'autres chefs d'entreprises. Dans le sarkozysme les hommes d'affaires n'arpentent plus les allées, ils sont dans la maison, au cœur du foyer. Ils exercent la réalité du pouvoir. Le président de la République s'est totalement identifié à eux. Un « président-PDG », a-t-on dit à juste titre.

La confusion est totale. Le parcours de François Pérol est de ce point de vue exemplaire. Il est d'abord l'antithèse du modèle idéologique du sarkozysme. Sorti major de l'ENA, mais nommé directeur adjoint du cabinet de Francis Mer puis de Nicolas Sarkozy, il s'occupe d'un certain nombre de sauvetages industriels et de restructurations bancaires. C'est alors qu'il passe définitivement dans le secteur de la finance et prend rang dans cette nouvelle élite. Il devient associé gérant de la banque Rothschild & Cie avant d'être nommé secrétaire général adjoint du président de la République puis président de la Banque Populaire et de la Caisse d'Epargne. La fusion de ces deux dernières banques a été négociée et organisée par lui dans les bureaux de l'Elysée avant qu'il ne prenne la tête de ce nouveau groupe au mépris de toutes les règles de la morale économique et politique, si ce n'est de la loi.

C'est la même idéologie que l'on retrouve dans les mesures fiscales favorisant outrageusement les plus riches. Le bouclier fiscal (458 millions d'euros donnés aux contribuables les plus riches, 14 000 foyers fiscaux vivant pour la plupart dans l'aisance la plus insolente) a pour but, « alors qu'on est dans une compétition », de « faire investir en France les gens qui ont de l'argent » (Nicolas Sarkozy, 17 mars 2009). Il est, dit-il quelques jours plus tard à Saint-Quentin, « l'expression d'un choix de société qui valorise la réussite ». C'est la détention des richesses – et non nécessairement leur réinvestissement – qui rend apte à faire marcher une économie. Ce dogme dicte à l'Etat sa conduite : il doit tout faire pour permettre aux détenteurs de ces grandes fortunes de s'enrichir encore davantage car ils sont, affirme-t-il, le moteur de la nation. Il doit supprimer tous les obstacles au libre exercice de cette réussite. Les règles contraignantes doivent être réduites au minimum. Le droit pénal, tant mis à contribution pour le citoyen ordinaire, devient là hors de propos. Le sarkozysme veut dépénaliser autant que faire se peut la vie des affaires. On pourrait multiplier les exemples. La déclinaison du dogme est permanente et touche tous les secteurs de la politique.

*La dévalorisation des fonctions de l'Etat
et du service public*

Face à cette exaltation de la richesse et à cette glorification des combattants du privé, le sarkozysme véhicule une image extrêmement négative de la fonction et du service publics ainsi que des agents de l'Etat. Noircir à l'extrême le tableau lui permet non seulement de dépecer les services publics mais d'instaurer au sein de l'Etat toute son idéologie privatiste : d'y imposer les critères de gouvernance et de rentabilité ordinaires de l'entreprise privée.

Il y a trop de fonctionnaires qui ne servent à rien. Cette vieille antienne poujadiste si populaire dans certains secteurs de l'opinion publique est reprise et développée sous des habits presque scientifiques. Les fonctionnaires sont évidemment trop nombreux, nous dit-on. Ils occupent même trop de place ! Le ministre du Budget veut réduire leur surface de travail à 12 m² d'ici 2012 (au lieu de 15 à 18 aujourd'hui). Pire, l'accent est mis sur la fraude sans que personne ne trouve à y redire, comme si les fonctionnaires en étaient en quelque sorte complices. Revient constamment le refrain selon lequel les deniers de l'Etat sont soit gaspillés soit détournés. « Nous n'avons pas plus les moyens de gaspiller que nous n'avons les moyens de tolérer aussi peu que ce soit la fraude » (discours du 19 septembre 2007).

Il y a, à la base, une position idéologique dogmatique rigide. Qui n'est en réalité ni liée au nombre de mètres carrés occupés ni à la profondeur du déficit public. Ne pas remplacer un fonctionnaire sur deux n'a qu'une apparence de justification économique ou budgétaire. La fonction publique gêne car elle est l'un des derniers bastions à résister à la privatisation et à la conception sarkozyste d'une société marchande et d'un citoyen-client.

Une fois posé le soi-disant diagnostic de gabegie, il ne reste plus qu'à proposer une autre méthode de gestion permettant d'éviter une telle catastrophe. Comme la recherche du profit n'aurait ici aucun sens, c'est celle de la moindre dépense qui va être mise en avant : le discours est en apparence purement budgétaire. Mais il s'agit en réalité d'appliquer au secteur public les méthodes du privé. L'entreprise devient le modèle absolu alors que son ressort et sa logique sont radicalement différents. Le point de départ était jusque-là de rendre un service au citoyen, de rechercher les besoins d'une population. La notion d'intérêt général va devoir composer avec des règles découlant des idées de profit et de rentabilité, voire disparaître à leur avantage. L'homme et ses besoins économiques, culturels, sociaux, de service... ne sont

plus premiers. Le citoyen devient un consomma-
teur ordinaire, un client. La logique n'est plus
que commerciale.

Le modèle absolu de l'entreprise privée

Cette mise de l'Etat aux normes qui régissent
l'entreprise privée ne s'est pas fait attendre. De
multiples réformes en portent la trace. Secto-
rielle, comme la loi LRU (relative aux Libertés
et Responsabilités des Universités) du 10 août
2007 qui laisse les universités trouver leur propre financement, c'est-à-dire qui les renvoie à
un financement privé. Plus générale, comme la
« révision générale des politiques publiques »
(RGPP pour les connaisseurs), mise en place dès
juillet 2007 sans avoir d'ailleurs jamais fait
l'objet de la moindre discussion publique (pas
de loi, ni même de décret) et au terme d'une
préparation tout aussi discrète. Tous les secteurs
de l'activité de l'Etat sont pourtant touchés, tous
les ministères concernés. Une administration
« bis » s'est mise en place à l'origine de multiples
réformes dans tous les domaines. L'habillage
était habile : le mot le plus vide de sens du discours politique, « modernisation », se retrouve
à peu près à toutes les lignes du programme.
Le contenu, lui, est sans ambiguïté. Le non-
remplacement d'un départ à la retraite sur

deux est en fait l'objectif majeur. La culture du résultat devient le dogme dans tous les domaines. « Les fonctionnaires seront rémunérés à la performance », assure Eric Woerth. N'importe quelle « réforme » devient ainsi le fruit de cette politique « moderne » et « manageriale » jusqu'à la création du ministère de l'Identité nationale. La logique de la RGPP s'impose même dans une modification de la procédure de divorce prévoyant dans les cas apparemment les plus simples, de supprimer l'intervention du juge et de l'avocat et de laisser le notaire œuvrer seul.

Tout mesurer, tout maîtriser

Derrière cette politique de réforme de l'Etat, apparaît donc l'un des piliers de l'idéologie sarkozyste. L'homme-marchandise doit vivre dans un monde où tout se mesure, s'évalue, se chiffre, celui de l'entreprise. Car dans une entreprise chaque chose, chaque action, chaque homme prend sa place dans un cadre mesurable ; tout doit, en définitive, passer au tamis de règles comptables. La survie dépend des résultats et de la rentabilité. Tout ce qui ne rapporte pas assez est à supprimer. L'efficacité est le maître mot car tout doit tendre vers un résultat programmé en termes de progression de chiffre d'affaires, de production de biens ou de services, d'accroissement de parts de marché... Cet idéal, le sarkozysme veut l'étendre à l'ensemble de la société et plus particulièrement à l'Etat.

Or c'est ici précisément que la logique d'entreprise trouve sa limite. Toutes les activités humaines ne peuvent se mesurer, ni s'intégrer dans un bilan. On ne peut parler de façon systématique d'efficacité en termes comptables. Vouloir accoler un chiffre à certaines prestations n'a aucun sens, si ce n'est de les dénaturer. Qu'est-ce qu'un soin rentable ? Qu'est-ce qu'un accompagnement social rentable ? Qu'est-ce qu'un enseignement rentable ? Qu'est-ce qu'une œuvre artistique rentable ? Qu'est-ce qu'une justice rentable ? Quelles grilles élaborer pour juger de ces « efficacités »-là ? Quels critères adopter ? Quels objectifs fixer ? Quel est le « meilleur » dans ces domaines ? Comment le déterminer ? Quels moyens donner en fonction de quels objectifs ?

Que l'Etat sache où il investit et contrôle ce que deviennent les deniers publics est une nécessité que personne ne conteste. Il existe d'ailleurs en France d'excellents organismes auxquels est assignée cette tâche : la Cour des comptes notamment. Mais les solutions directement issues de l'idéologie de l'entreprise privée qu'impose le sarkozysme, sous couvert de choix rationnels et inévitables, sont toujours marquées par la diminution quantitative, aussi bien que qualitative du service public et par l'instauration de règles de gestion sans rapport avec des services qui œuvrent pour l'intérêt général et non dans un intérêt privé.

Ce que le présupposé idéologique – gabegie, incurie, dépenses inutiles – permet de ne jamais prendre en compte, c'est la relation humaine, la plus importante, celle qui n'est pas programmée, calibrée, autorisée, celle qui n'est pas *a priori* nécessaire pour arriver directement à l'objectif défini, celle qui dure un peu « trop » longtemps, celle qui risque de faire perdre du temps et de l'argent... Le sacrifice donc, comme toujours, porte sur la composante humaine. Soigner à l'hôpital consistera à confier à un personnel réduit les maladies les plus « rentables » en fonction de normes financières. Rendre une bonne justice consistera à produire le maximum de jugements dans le délai le plus bref et au moindre coût avec moins de tribunaux...

Parallèlement à cette financiarisation des services publics, se met en place tout un système d'évaluation au « mérite ». Il s'agit, ni plus ni moins, de sanctionner la logique d'entreprise, de favoriser ceux qui l'appliqueront le mieux, d'écarter ceux qui la contestent et de forcer chacun à atteindre les « résultats » arbitrairement décidés. Arbitraire encore plus choquant et fondamentalement contraire aux droits de l'homme lorsque le « résultat » escompté se rapporte à des arrestations, des gardes à vue, des emprisonnements ou des reconduites à la frontière. L'évaluation au mérite fait entrer dans ce monde de compétition acharnée où la performance conduisant à l'excellence sera enfin récompensée. On croit rêver devant une bêtise aussi épaisse. Malheureusement l'enfantillage se fait politique d'Etat. Le ridicule est à son comble quand Nicolas Sarkozy décide même d'évaluer les ministres et confie cette tâche à son préféré, Eric Besson.

Le travail : vivre pour gagner plus

On comprend mieux, dans cette perspective, quelle peut être la conception sarkozyste de l'homme au travail. Du culte de la performance et de l'exaltation de la richesse découle inexorablement l'incitation à travailler plus, à gagner plus et, en définitive, à « travailler plus pour gagner plus ». La formule va bien au-delà d'un simple slogan de campagne. Elle est l'une des déclinaisons du dogme central sur la richesse, une façon de rallier les salariés et les ouvriers à la cause d'une recherche permanente du profit. Le métier par lui-même n'est pas primordial. Les droits applicables passent totalement à l'arrière-plan. Les conditions concrètes sont indifférentes, l'éventuelle souffrance au travail n'entre pas en ligne de compte. Le sarkozysme se réfère à une conception archaïque d'un travail débarrassé de tous les acquis sociaux obtenus de haute lutte par les salariés depuis des décennies. Peu importe le dimanche. Peu importe le repos. « Cessons de culpabiliser la France qui se lève tôt le matin » (juin 2005, devant les cadres de l'UMP). Des travailleurs qui travaillent « dur » et qui espèrent en tirer le profit maximal, voilà la philosophie clairement exprimée. « J'aimerais, disait Nicolas Sarkozy dans le même discours, que nous nous retrouvions autour d'une seule priorité qui au final conditionne l'efficacité de tout le reste : celle de la réhabilitation absolue et urgente du travail. Il n'y a pas assez de travail en France, et cela d'abord parce qu'il n'est pas assez récompensé, valorisé, exemplarisé. » On peut évidemment douter de la valeur économique de cette assertion. On attendrait en tout cas qu'en soit tirée cette conclusion concrète, immédiate, qui traduirait un vrai respect du travail et du travailleur : une plus juste rémunération. Ce serait oublier que le « mérite » individuel est à la base du système sarkozyste. Que les pauvres sont pauvres, en définitive, parce qu'ils le méritent bien.

Le sarkozysme sans Sarkozy

La haine de l'assistanat, le mépris du faible

Si l'homme riche, celui qui réussit, est le nouveau héros du sarkozysme, l'homme pauvre, le
perdant, en est le paria. Non seulement il n'a
pas de Rolex mais il ose demander qu'on l'aide.
Or ce sont les riches qu'il faut plaindre, ce sont
eux qui souffrent. On ose à peine reproduire
cette phrase de Nicolas Sarkozy, qu'on croirait
extraite d'une mauvaise caricature. Et pourtant :
« Il y a des Français qui n'ont jamais été au chômage, jamais perçu d'Assedic, jamais été au RMI
et qui pourtant souffrent eux aussi, parce que le
temps est dur, parce que la vie est chère, et surtout parce qu'ils ont la pénible sensation d'être
toujours assez riches pour payer des impôts et
jamais assez pauvres pour bénéficier des mesures sociales. » On aurait tort de croire que le
sarkozysme ne se préoccupe que d'une extré-
mité de l'échelle sociale, de ses plus hauts barreaux. Il prend aussi en considération les plus
bas, pour les fustiger en permanence ou les
mépriser. Le sarkozysme est profondément inégalitaire, sans pitié pour les plus faibles, ceux
qui n'ont pas réussi. C'est dans cet esprit que
l'assistanat est dénoncé sans relâche comme le
moyen de vivre aux crochets de la société et rap-
porter plus que le travail : « L'assistanat rend
dépendant. L'assistanat c'est le contraire de

80

l'émancipation. L'assistanat, c'est refuser de reconnaître à celui que l'on aide la moindre utilité sociale. Et quand on peut vivre mieux sans travailler qu'en travaillant, l'assisté devient prisonnier de l'assistance parce qu'il se trouve dans la situation absurde où reprendre un emploi constituerait pour lui un appauvrissement » (discours de Lorient du 3 avril 2007).

Le discours sarkozyste est une fois de plus simpliste et manichéen. Il y a d'un côté ceux qui « travaillent dur » et de l'autre ceux qui trichent. Le balancement est évident dans ce même discours de Lorient qui présente les bénéficiaires des aides publiques comme des fraudeurs potentiels : « Je ne veux pas d'une politique qui laisserait tomber ceux qui travaillent dur, ceux qui perpétuent une culture du courage, de la solidarité et de l'honneur et qui s'apitoie sur les fraudeurs, les tricheurs et les trafiquants. »

L'EMPRISE

La « bataille idéologique »

Le sarkozysme propose une vision de l'homme et de la société qu'il brûle d'appliquer concrètement. Cette impatience d'action, cette faim de réel, cette volonté de plier le monde à son dessein l'obligent à développer une pratique violente du pouvoir. Mais, dans un premier temps, elles le contraignent à populariser ses concepts, à développer des instruments de conquête et de domination idéologique, instruments qu'il devra ensuite adapter à l'exercice du gouvernement. Cette bataille, Nicolas Sarkozy l'a placée sous la bannière du pauvre Antonio Gramsci qui a dû se retourner dans sa tombe. Comme tant d'autres. Ce genre de hold-up idéologique fait partie de la méthode. Ecoutons-le : « Au fond, j'ai fait mienne l'analyse de Gramsci : le pouvoir se gagne par les idées. C'est la première fois qu'un homme de droite assume cette bataille-là. En 2002, quinze jours après mon arrivée au ministère de l'Intérieur, une certaine presse a commencé à m'attaquer sur le thème : "Sarkozy fait la guerre aux pauvres." Je me suis dit : soit je cède et je ne pourrai plus rien faire, soit j'engage la bataille idéologique, en démontrant que la sécurité est avant tout au service des plus pauvres. Depuis 2002, j'ai donc engagé un combat pour la maîtrise du débat d'idées. Tous les soirs, je parle de l'école, en dénonçant l'héritage de 1968. Je dénonce le relativisme intellectuel, culturel, moral. » Gramsci est mort en 1937 quelques jours après être sorti de prison où l'avait enfermé le régime fasciste après que le procureur s'était écrié, le jour de son procès : « Il faut empêcher ce cerveau de penser. » Au début du XXᵉ siècle le fondateur de *l'Unità* était loin d'imaginer la place que prendraient les moyens de diffusion idéologique que nous connaissons et subissons aujourd'hui.

Ce n'est pas la force des idées qui décidera du sort de la bataille mais la puissance de leurs vecteurs. Les idéologies ont toujours dépendu de leurs véhicules. Elles ne peuvent exister sans un réseau de diffusion très structuré. Les idéologies modernes n'échappent pas à la règle mais dans une civilisation de l'image et de la communication cette règle est encore plus exigeante. Aujourd'hui, le « combat » est inégal, les armées sont disproportionnées. Le sarkozysme ne pense pas mieux que ses adversaires, mais il dispose de troupes nombreuses dont il tire le maximum. Il sait, pour l'instant, les mettre en ordre de marche. Les canaux de diffusion idéologique sont dans leur immense majorité de son côté ; l'image de l'homme et de la société qu'ils propagent correspond trait pour trait aux canons de l'idéologie dominante qui peut dès lors choisir d'avancer à ciel ouvert, ou bien masqué, brouillant son discours avec un cynisme sans égal.

LES LÉGITIMATIONS PARADOXALES

La contradiction de base

L'une des difficultés majeures du sarkozysme est de ne pouvoir ignorer certains acquis fondamentaux de l'humanité accumulés depuis ces derniers siècles. Même si les « débats d'idées » sont stigmatisés comme une perte de temps, un obstacle à l'action, il faut bien tenir compte de certains progrès en matière de liberté – les droits de l'homme essentiellement – et dans les sciences humaines, les deux étant intimement liés quoique le regard ordinaire ne les réunisse pas assez. Toutes ces avancées se sont construites à partir d'une contradiction apparente. D'un côté, des valeurs portées au pinacle de la pensée : des droits proclamés de façon universelle et absolue puisque la dignité humaine ne se satisfait pas de compromis. De l'autre, une image de l'homme faite de multiples complexités, de conscience et d'inconscient, terrain mouvant où les hypothèses et les incertitudes conduisent à l'humilité permanente.

Le sarkozysme, lui, accorde aux droits de l'homme l'hommage minimum et les range au rayon des accessoires dès lors que sont en jeu sa conception de la sécurité et les intérêts économiques d'une poignée de possédants. Quant aux sciences humaines, elles sont à l'opposé de sa vision simplifiée de l'homme bâtie autour de quelques certitudes primaires. L'idéologie « réaliste » du sarkozysme est difficile à discuter, donc à combattre, car elle a l'avantage de la simplicité et de la brièveté. Mais, pour ses promoteurs, il n'est pas non plus aisé de l'inscrire dans le siècle car on ne saurait, d'un trait de plume, nier tout ces progrès dont la France, s'est, de plus, toujours fait une gloire.

Le discours paradoxal

La première porte de sortie du sarkozysme est celle du discours paradoxal. Le principe est connu. Dire une chose et son contraire en même temps. Dire : « Je respecte les principes de la démocratie, les valeurs de l'humanité » et aussitôt annoncer une mesure qui les bafoue. Les exemples sont légion.

La réforme de l'hôpital psychiatrique est le lieu par excellence de ce double langage. D'un côté la relation médecin-patient est énoncée avec justesse. Il est rendu hommage au travail de soin, à la qualité du lien thérapeutique. La confiance absolue entre le malade et son soignant est posée comme une condition essentielle. Mais aussitôt ces belles paroles prononcées, le programme décliné propose le contraire. Un plan aux conséquences dévastatrices où il n'est question que de sécurité, de vidéo-surveillance, de bracelet électronique... Bref, l'inverse de ce qui venait d'être dit quelques phrases plus haut : une relation médecin-patient anéantie par la méfiance, fondée sur la garde et le contrôle, et un malade perçu comme un danger potentiel.

Nicolas Sarkozy a prononcé le 2 décembre 2008 à Antony une allocution où l'on retrouve ces deux discours radicalement opposés.

Premier temps, hommage hypocrite aux valeurs fondamentales de soin : « Etablir une relation personnelle entre vos patients et vous, c'est la clé. C'est ce qui fait l'extrême exigence de votre rôle. C'est ce qui en fait également sa noblesse... Je comprends parfaitement que le malade est une personne dans toute sa dignité et que sa maladie ne fait que le rendre plus humain encore, qu'un hôpital ne sera jamais une prison... C'est le rôle des soignants que d'être en quelque sorte inconditionnels du malade et de sa guérison. »

Second temps, l'avalanche des mesures répressives, une sorte de délire sécuritaire qui va transformer l'hôpital psychiatrique en forteresse militaire. « Il faut plus de sécurité et de protection dans les hôpitaux psychiatriques... Certains patients hospitalisés sans leur consentement seront équipés d'un dispositif de géolocalisation... une unité fermée va être installée dans chaque établissement qui le nécessite... Ces unités seront équipées de portes et de systèmes de vidéo-surveillance pour que les allées et venues y soient contrôlées... Nous allons aménager 200 chambres d'isolement. Ces chambres à la sécurité renforcée sont destinées aux patients qui peuvent avoir des accès de violence envers le personnel... »

Ce qui est retenu par l'opinion publique, ce ne sont pas les phrases lénifiantes sur les soins mais la certitude que les fous resteront sous haute surveillance et qu'ils ne pourront donc plus jamais nuire à quiconque. Promesse intenable puisque ce n'est pas ainsi que l'on soigne la maladie mentale, à coups de bracelet électronique et de barreaux aux fenêtres, et qu'il n'y a même meilleure façon de l'aggraver.

L'avantage de ce discours paradoxal est de faire passer deux messages à la fois, où chacun peut apparemment prendre ce qui l'intéresse. Ce phénomène classique a été décrit depuis long-temps. On connaît ses effets chez l'adulte comme chez l'enfant : il laisse l'interlocuteur « pantois », ne sachant plus à quel saint se vouer, qui croire, quelle part de discours suivre. Cet interlocuteur n'a pas toujours les moyens de comprendre ce qui lui arrive, d'analyser les deux paroles et de dénoncer la duplicité. Le plus souvent, il reste anesthésié, sans défense. Le double langage n'est évidemment pas nouveau en politique. C'est même l'accusation préférée des hommes politiques entre eux. Mais le sarkozysme est dans une situation inédite car il doit très souvent concilier l'inconciliable. Il lui faut par exemple se référer aux droits de l'homme pour rester dans le « politiquement correct » mais il doit aussi sacrifier à son idéologie victimaire. Le raccourci donnera cette formule aberrante énoncée par Rachida Dati : « Le premier droit de l'homme est celui de la victime et pas celui du délinquant » (*Le Parisien*, 28 avril 2008).

Cette méthode idéologique n'est payante qu'un temps. Elle désarme un auditoire peu préparé ou impuissant. Mais à la longue, elle est risquée car le grand écart permanent finit par apparaître. Surtout lorsque les réalisations politiques ressemblent de moins en moins aux grands principes, vite invoqués, et de plus en plus à une répression bornée, chaque jour constatée.

Le sarkozysme sans Sarkozy

Le brouillage idéologique

Profitant du vieillissement de certaines idéologies, de l'oubli de l'histoire, le sarkozysme, dans un paradoxe cette fois-ci apparent, n'hésite pas à brouiller les pistes idéologiques en annexant tout ce qu'il peut des autres idéologies et de leurs représentants. Les discours officiels ne lésinent pas sur les références aux grandes figures du socialisme. Le plus connu est celui de 26 janvier 2007 prononcé par Nicolas Sarkozy pendant sa campagne électorale, à Poitiers. « Oui je me reconnais dans Jaurès et dans Blum. » On trouve aussi, déjà évoquées, les références impudiques à Antonio Gramsci. Le zapping est moins glorieux lorsqu'il s'agit de s'approprier des figures du socialisme dans le monde politique contemporain. Il faut descendre jusqu'à Bernard Kouchner et Eric Besson. Le processus est pourtant le même. Certes il s'agit toujours, en période électorale, de récolter quelques voix de plus. Mais le sens profond de ces excentricités est de réduire la pensée politique à de simples vignettes autocollantes, laisser croire que toutes les idéologies se valent, que les hommes sont interchangeables, que seule l'action compte. S'opère ainsi une sorte d'indifférenciation des idées, un marché ouvert aux valeurs où l'on pique au gré des humeurs et des besoins.

C'est ce brouillage qui fait dire et écrire à beaucoup que le sarkozysme n'est pas un corps de doctrine, puisqu'il emprunte au gré des circonstances aux uns ou aux autres. C'est lui aussi qui permet le discours sur le pragmatisme ou, dans un domaine plus platement politique, sur l'ouverture. Mais il suffit de détacher l'écorce de la citation, la paillette de la référence pour constater qu'aucune des grandes figures du socialisme français n'a inspiré la moindre réforme sarkozyste. Quant aux transfuges politiques, ils n'ont rien apporté de leurs anciennes « convictions » et se sont ralliés sans la moindre réticence au discours imposé.

LES DEUX ÉTAGES IDÉOLOGIQUES

Le premier étage idéologique, le socle et les clips

L'autre porte de sortie du sarkozysme est d'ajouter à son idéologie primaire de base, une superstructure idéologique raffinée qui l'enrobe et la fait passer au second plan. Nous sommes en présence d'une idéologie à deux étages, chacun d'entre eux méritant la visite.

Le premier étage idéologique est simple, direct, brutal, sans nuances. C'est le discours populiste et démagogique par excellence. Nous ne sommes pas que dans la parole : il y a un mot, une expression qui font mouche mais ils s'accompagnent souvent d'une image-choc, d'un geste, d'un cadre, d'une mise en scène. Le message sera délivré sur la dalle d'une banlieue, dans un hôpital, au chevet d'une victime, sur le lieu d'un drame... Et filmé, évidemment. Ces formules brèves contiennent à elles seules bien plus qu'un programme, elles sont la marque de fabrique de l'idéologie. Car les nouvelles idéologies ne se bâtissent pas à coups de livres. Elles suivent les modes de notre temps. Elles s'échafaudent davantage dans des images, des slogans, des mots faits pour marquer, que dans des livres et des discours. Des expressions courtes, faciles à mémoriser, suffisantes toutefois pour impressionner durablement l'opinion publique dans toutes les classes sociales et dans toutes les professions. Les politiques, les fins analystes de la chose publique, ne se penchent pas assez sur ces épisodes, sur ces scènes qui tiennent du spot publicitaire. Ils ont tort de faire la fine bouche et de traquer une pensée plus élaborée. Car ces clips ont plus de sens et de poids que toutes les allocutions prononcées sur le sujet, que tous les articles écrits par le président de la République, ses conseillers ou ses ministres.

Le terme de « racaille » par exemple contient tous les éléments d'une politique. Il faudra l'habiller, le décliner mais l'essentiel est dit, là où il est dit. D'autres s'étaient lancés avant lui dans des épithètes du même style. Le ministre de l'Intérieur, Jean-Pierre Chevènement, quelques années plus tôt, avait parlé de « sauvageon ». On voit bien toute la différence entre un vocabulaire un peu lâche utilisé par un ministre de gauche pour se singulariser et le terme vulgaire, méprisant, qui s'inscrit aussitôt dans une idéologie déclinée au grand jour, rappelée et revendiquée. D'un côté une fioriture de langage, de l'autre une conviction profonde, le fondement d'une politique. Interviewé sur France 2 en novembre 2005, le ministre de l'Intérieur récidivait : « Ce sont des voyous, des racailles, je persiste et je signe. » Après les émeutes de 2005, le prestataire de service de l'UMP – la société « l'Enchanteur des nouveaux médias » ! – achetait même sur Google le mot « racaille » (ainsi que les mots « violence », « banlieue », « voitures brûlées »), pour faire un lien avec le site officiel de l'UMP et plus précisément vers une pétition de soutien envers le président du parti majoritaire.

Les intellectuels malgré tout

Le deuxième étage idéologique a beaucoup plus de classe. Le message s'adresse, là, à une autre partie du cerveau. Ce ne sont plus les récepteurs de sentiment, d'émotion, de peur, qui sont visés. Nous changeons de vocabulaire et de lieu. Le décor est beaucoup plus classique. Nous retrouvons les bureaux ordinaires de l'administration ou les salons de la République. Il faut une caution intellectuelle : battre là encore le rappel des grands principes et les accommoder à la mode sarkozyste mais avec de fins cuisiniers. Il faut un cadre, une structure qui permette à l'idéologie de passer la rampe des élections et de l'accompagner ensuite dans la phase de mise en œuvre au jour le jour. Nous ne sommes plus – tout à fait – dans le décor naturel du sarkozysme, la publicité, le marketing, mais dans ce pays qui n'est pas le sien, celui des intellectuels.

On ne peut pas, aujourd'hui, en 2009, constater un afflux de l'intelligentsia française pour ce travail d'accompagnement, d'explicitation ou de mise en forme. Les compagnons ordinaires de l'actuel président de la République ne se recrutent pas dans ce milieu-là, mais dans le monde plus feutré des grands hommes d'affaires ou plus clinquant du show-biz. Les intellectuels manquent à l'appel. Mais peut-être manquent-ils partout. Ou tout simplement ont-ils, eux aussi, changé de forme, voire de nature. En quelques dizaines d'années, la figure des intellectuels, des « idéologues », s'est modifiée du tout au tout. Ils se sont soit fonctionnarisés, soit médiatisés, avec un grand éventail de situations intermédiaires. Se sont ainsi mieux dégagées les figures de l'expert et de la star, que l'on retrouve dans le sarkozysme et dans d'autres idéologies contemporaines.

Les intellectuels sont cependant intervenus en deux étapes liées à l'histoire du sarkozysme.

Le deuxième étage idéologique, première version : la boîte à idées

Le sarkozysme est d'abord une redoutable machine à gagner le pouvoir (avant d'en être une à le conserver). Dans cette mesure, elle est capable de mobiliser de remarquables équipes destinées à glaner, classer et ordonner des idées. Entre fin 2004 et 2007, au sein de l'UMP, tout un groupe organisé en définitive sous la houlette d'Emmanuelle Mignon, et avec l'aide d'un cabinet de conseil en stratégie, le Boston Consulting Group, s'est livré – au sein de la « direction des études » – à un travail acharné pour dresser l'état de notre société, bâtir un programme et articuler une série de propositions. Se sont relayés d'innombrables tâcherons mais aussi des experts de chacune des matières concernées. Des conférences thématiques, des « conventions », assez médiatisées, ont synthétisé les propositions et le tout a abouti à un « projet présidentiel » bien ficelé qui mettait en partition les principaux points forts idéologiques du sarkozysme. Il s'agissait d'un travail programmatique avec pour but la conquête du pouvoir et, indirectement, la construction d'une idéologie. Emmanuelle Mignon et d'autres ont été une « boîte à idées ». Mais ils n'ont été que cela. Ils l'ont ensuite ressenti amèrement. Car cette architecture n'a tenu qu'un temps, celui de la bataille et de la victoire. Ceux qui avaient cru à la construction d'une doctrine à l'ancienne ont dû déchanter. Emmanuelle Mignon est partie. Devenue directrice de cabinet du président de la République elle a été rétrogradée au rang de conseiller en juillet 2008. Son équipe d'apparat-chiks à idées a disparu aussi : environ 250 personnes, d'une redoutable efficacité, quand on compare avec l'équipe ou plutôt les équipes de l'autre bord, ont cédé la place à d'autres fonctionnaires idéologiques adaptés au temps de l'action.

Le deuxième étage idéologique, seconde version : les experts idéologiques permanents

Le deuxième étage idéologique a donc changé d'occupants après la victoire de mai 2007. Il a fallu trouver non plus une mais des boîtes à idées. C'est le rôle qu'ont joué quelques rares conseillers privés mais aussi de multiples commissions créées sans discontinuer depuis lors.

Des conseillers privés on connaît surtout Henri Guaino, chargé de mettre en ordre la pensée du président, de la traduire en discours. Un homme d'économie bien plus que d'administration, bien plus près du monde des affaires que de la haute fonction publique, plume fidèle, en tout cas, de beaucoup de dirigeants de droite, dont Jacques Chirac. En 1999, il participe à la création du RPF de Charles Pasqua. Sous Nicolas Sarkozy, l'homme sort de l'ombre et devient l'un des principaux commissaires idéologiques du pouvoir. C'est à lui que l'on doit les thèmes de la liquidation de Mai 68 ou la fin des repentances. Spécialiste du brouillage idéologique, il introduit dans les discours du candidat les références à Jaurès ou à Léon Blum. Dans le même registre, il est l'inventeur, fin 2007, de la lecture de la lettre de Guy Môquet dans les écoles. L'effarant discours de Dakar en juillet 2007, où le président de la République évoque « l'homme africain » est l'un de ses chefs-d'œuvre (« Le drame de l'Afrique, c'est que l'homme africain n'est pas assez entré dans l'histoire… Jamais il ne s'élance vers l'avenir… Dans cet imaginaire où tout recommence toujours, il n'y a de place ni pour l'aventure humaine, ni pour l'idée de progrès »). Il est l'un des inspirateurs de la création du ministère de…

l'Identité nationale. Il partage avec le président de la République le même mépris de la fonction publique ou de la magistrature. On retrouve chez lui la même violence verbale, quand il n'hésite pas à traiter ses détracteurs de « petit con prétentieux » (Bernard-Henri Lévy qui l'avait traité il est vrai de raciste), ou de « connards » (des chercheurs qui protestaient contre la création du ministère de l'Identité nationale)…

Mais Henri Guaino n'est que l'un des conseillers. Il est loin, très loin de représenter l'ensemble de la machine de gouvernance entourant le président. Il s'en distingue cependant avec netteté car il tente une mise en perspective de l'action. A sa façon, il essaie d'articuler le brouhaha des décisions permanentes dans lequel s'enlise et s'enivre le pouvoir. Rien d'étonnant que Nicolas Sarkozy fasse à son sujet cette confidence à Yasmina Reza : « J'ai besoin de Guaino, j'aime les fêlés, ils me rassurent » (*L'Aube le soir ou la nuit*). A l'évidence, les conseillers de Nicolas Sarkozy, ceux qui l'entourent tous les matins à 8 h 30 dans le salon vert de l'Elysée, ne sont pas des fêlés. Ils ne sont pas non plus des « intellectuels ». Ce sont des experts. Les « meilleurs » évidemment, sinon ils n'auraient pas été choisis. Mais il ne faut pas attendre d'eux, avant qu'ils n'écrivent un jour leurs mémoires, une vision particulière du monde, de l'homme, ni même de leur propre

98

champ de compétence. Ils n'ont pas vocation à penser le cœur du système idéologique. Ils se contentent de le faire battre. Ils sont des proto-types du sarkozysme. Nicolas Sarkozy se vante de les avoir choisis pour leur singularité, alors qu'ils se ressemblent étrangement. Il leur est simple-ment demandé de mettre en musique au jour le jour cette partition qu'ils apprécient tant. Pas de référence littéraire ou philosophique au menu de la réunion de travail matinale. Tous ces hom-mes, très fiers de leur choix mais à la merci du moindre caprice du prince, cherchent les « idées ». « Les problèmes je les connais, c'est mon métier, se vante le président, donnez-moi des idées » (*La Revue pour l'intelligence du monde*, février 2009). On voit bien quelle est la méthode, une fois oubliée la touche d'arro-gance : le socle idéologique est tellement fort qu'il n'a pas besoin d'être explicité. Il faut sim-plement l'illustrer. D'où la présence, à ce niveau de l'appareil d'Etat, d'hommes de pure commu-nication tel que Franck Louvrier, le fidèle, depuis une dizaine d'années, depuis la mairie de Neuilly-sur-Seine…

Au total, cette deuxième couche intellectuelle manque un peu de souffle et de lyrisme. Mais le sarkozysme, s'il tolère un « fêlé » ou deux, n'a pas grande soif de poésie. Personne n'a encore aperçu ses ailes de géant qui l'empêcheraient de marcher. Il s'agit de gérer une grande entreprise avec les méthodes des grandes entreprises. Ce qui ne signifie pas l'absence de fond, mais que le fond est plat. L'idéologie sarkozyste est aussi exaltante à étudier qu'un manuel de marketing. Elle a besoin de techniciens des idées, plus que de philosophes, d'arpenteurs plus que de visionnaires. Elle a besoin de plumes expertes car, dans ce régime verbeux, il pleut des discours comme des hallebardes. Mais ce sont des discours techniques, aussi pimpants que des modes d'emploi d'électroménager et qui ne peuvent exister que grâce à la sélection habile d'un public totalement acquis ou soumis.

Et lorsque, quittant le discours technique, le président tente de prendre un peu de hauteur, ou de s'accrocher à quelques pensées, les branches sont manifestement trop hautes pour lui. Quand, pour présenter ses vœux, fin 2007, sur les conseils d'Henri Guaino, il avance le concept de « politique de civilisation », plus personne ne le suit. Le discours devient incompréhensible et surtout ridicule. Manifestement l'homme n'a jamais lu la moindre ligne d'Edgar Morin. Nous sommes encore dans le brouillage idéologique. Mais cette fois-ci Nicolas Sarkozy essaie de développer davantage. Le thème reviendra dans plusieurs discours ultérieurs sans jamais parvenir à tromper quiconque tant le fossé est béant entre le philosophe et le politique, qui flotte dans des habits trop grands.

La deuxième couche intellectuelle est donc peuplée d'experts. Nous sommes dans le conseil d'administration d'une société privée qui mêle archaïsme (du fait de l'autoritarisme du chef d'entreprise, incapable d'écouter ceux qui s'opposent à lui) et « modernité » (du fait de la place exorbitante de la communication et du marketing).

L'externalisation idéologique : les commissaires intérimaires

A côté de ce conseil d'administration assez restreint, le deuxième étage idéologique est composé d'une bureaucratie intérimaire, très nombreuse, tout à fait adaptée à l'air du temps. On assiste à un développement sans précédent du travail idéologique temporaire : un déluge de rapports, livres blancs, missions et commissions en tout genre, sur tous les sujets, à tous les moments. Cette explosion subite s'explique en grande partie par la maigreur du socle. On a vite fait le tour des piliers. Ils sont épais, solides mais peu nombreux. Pour que le système tienne son rang, pour donner du sérieux à cette pensée, une fois épuisés le pillage et le brouillage, il faut l'étoffer de quelques apports de complaisance.

Ces ajouts de circonstance ne doivent toutefois pas encombrer le cœur du système. Dans la

logique ordinaire du management, le sarkozysme procède à une externalisation idéologique. Au centre du système travaillent les gens
« sérieux », ceux qui ont retroussé leurs manches. A l'extérieur, à bonne distance, comme
pour toute tâche subalterne ou aléatoire, sont
regroupés ceux qui acceptent de penser sur
commande sans trop s'écarter de la demande.
L'important tient parfois aux personnalités pri-
mées, parfois aux missions confiées.

Le choix des hommes obéit à des règles très
précises. Il faut récompenser, flatter, appâter,
faire patienter, diviser, déstabiliser... bref, le jeu
ordinaire du politique. Il s'agit moins de penser
que de penser utilement. Mais ce choix est facilité par l'ambition et la vanité ordinaires. Il est
toujours là, le peuple immense de ceux qu'une
médaille, même modeste, une nomination,
même dérisoire, remplit d'extase. Se presse
donc une foule de prétendants aux desseins
variables. La majorité de ces commissaires et
rapporteurs s'engage de bonne foi même si,
chez chacun d'eux, l'arrière-pensée domine la
pensée. Certains, conscients d'un enjeu, pensent
pouvoir limiter les dégâts, voire renverser le
cours des choses. D'autres continuent, là comme
ailleurs, de se mettre au service du pouvoir.
L'idée de base est d'ouvrir le plus largement
possible la composition de ces commissions pour
faire croire à une suffisante représentativité, de

102

les peupler d'experts censés être les plus compétents et de jouer le jeu complexe mais payant, pour l'instant, de l'« ouverture ».

Le périmètre des commandes est très variable. Il s'agit parfois d'une simple récompense. Xavier Bertrand confie à Gilbert Montagné une mission sur l'intégration des personnes aveugles et malvoyantes à la vie de la cité. L'objectif est tantôt de promouvoir une idée, tantôt de l'enterrer. Ainsi en juin 2007, le Premier ministre demande au fidèle Eric Besson, alors simple secrétaire d'Etat désœuvré, de l'aider à se débarrasser d'un sujet gênant pour la majorité, la TVA sociale. Mission remplie en trois mois avec son habileté ordinaire.

Le bénéfice idéologique reste globalement positif, même si l'externalisation n'est pas sans risques. Avec parfois des rebuffades. Ainsi la mission sur les suicides en prison qui, fin 2008, avait été confiée au psychiatre Louis Albrand par Rachida Dati. Il était difficile d'en rester à de simples constatations techniques. Difficile de ne pas évoquer la politique d'enfermement frénétique. Le médecin titrait ainsi sa préface : « Le record français des suicides en prison ou le symptôme d'un système pénitentiaire à bout de souffle. » Et de pointer l'imprévoyance et la surpopulation qui contrariait les mesures de prévention. L'administration a revisité son rapport. Au point que l'auteur, ne le reconnaissant plus, a refusé de le remettre solennellement au garde des Sceaux, comme prévu, début avril 2009.

Certaines missions sont la pure et simple déclinaison technique d'un dogme. Ainsi la mission sur la dépénalisation du droit des affaires confiée par Rachida Dati à Jean-Marie Coulon, ancien premier président de la cour d'appel de Paris. D'autres sont de l'ordre du pari, compte tenu de la personnalité attirée dans les filets, supposée parfois être « de gauche ». C'est le cas de la mission confiée dès juin 2007 à Jacques Attali pour « libérer la croissance ». La dimension de son ego faisait craindre le pire. La remise du rapport, en janvier 2008, a confirmé ces craintes. Il n'y avait rien à retrancher à ses 315 propositions. C'était à prendre ou à laisser : « C'est un ensemble cohérent, dont chaque pièce est articulée avec les autres, dont chaque élément constitue la clé du tout », prévenait l'introduction. Le gouvernement ne pourrait pas y « picorer à sa guise ». Hélas, dès la remise solennelle des tables à l'Elysée, le président de la République devait, d'urgence, écarter trois mesures (dont celle prévoyant la remise en cause du principe de précaution pourtant inscrit dans la Constitution). Le tout sombrait dans le ridicule lorsque les chauffeurs de taxi se mettaient en grève pour protester contre l'une des propositions les concernant et visant à déréglementer des secteurs protégés. Nous étions pourtant, dans la plupart des domaines, dans la doctrine sarkozyste pure et dure. Partant du mythe ordinaire du « déclin » et du slogan de la fin des « tabous », étaient ainsi préconisées la réduction de l'administration, l'évaluation des fonctionnaires et des professeurs, l'autonomie de l'Université, la réduction de la fiscalité pesant sur les secteurs de la finance, la recherche de la compétitivité... Il fallait « travailler plus et mieux »... Le tout devait être mené selon le rythme frénétique du régime : « Tambour battant. » Mais le pouvoir devait aussi gérer quelques contradictions. Sur l'immigration par exemple, considérée comme un puissant facteur de croissance. Il n'a pas fallu longtemps pour faire tomber cette préconisation aux oubliettes.

En définitive, toutes ces missions restent dans la main du pouvoir. Elles lui permettent de gérer avec souplesse la communication idéologique et de procéder aux ajustements nécessaires. L'histoire de la commission Léger (du nom de son président, le magistrat Philippe Léger) est la plus instructive. Mi-octobre 2008, Rachida Dati installait une commission chargée de présenter pour le 1er juillet 2009 un projet de réforme du code pénal et du code de procédure pénale. Quatre objectifs lui étaient assignés : « Rendre ce droit plus cohérent et plus lisible, créer des outils efficaces pour lutter contre la récidive et la délinquance, renforcer les droits de la défense et définir une meilleure prise en compte des droits des victimes. » La composition de ce comité de réflexion permettait de penser qu'il ne s'écarterait pas trop de la ligne. On y trouvait maître Thierry Herzog, excellent professionnel mais avocat personnel du président de la République. Laurent Le Mesle, procureur général près la cour d'appel de Paris, ancien conseiller de Jacques Chirac, ancien chef de cabinet de Pascal Clément. Jean-Pierre Escarfail, président de l'Apacs (Association pour la protection contre les agressions et crimes sexuels), père d'une des personnes tuées par Guy Georges. Alors que cette commission était en pleine réflexion, le président de la République prononçait le 7 janvier 2009, à la Cour de cassation, un discours où il décidait quelles seraient les conclusions de ce comité. « Je suis attentivement ses travaux et je sais que les orientations prises en matière de procédure pénale sont celles d'une réforme en profondeur. Je souhaite aujourd'hui vous dire quelles sont, à mon sens, les lignes directrices de cette réforme qui devra être engagée dès cette année. » Suivait la déclinaison d'un projet très clair : supprimer le juge d'instruction. Apparaissaient ainsi, sous une lumière cruelle, le rôle et les limites de ces commissions. Traduire la volonté du prince, se contenter de mettre en musique l'idéologie première définie par lui, couvrir d'habits de choix le corpus présidentiel. Dans les deux jours suivant cet ukase, deux membres de la commission, sauvant l'honneur de leurs professions, en démissionnaient. Un juge d'instruction, Corinne Goetzmann qui déclarait : « Mettre en œuvre la volonté du président de la République n'est pas le rôle d'une commission indépendante, appelée à prendre une décision sereine en toute impartialité et objectivité, mais celui des services de la chancellerie. » Matthieu Aron, journaliste à France Info, qui soulignait que les membres de la commission « doivent désormais suivre la feuille de route fixée par le chef de l'Etat ».

La souplesse de ce travail par commission permet aussi de tester certaines propositions et de faire endosser à des experts leur impopularité. Ce fut le sort de la commission Varinard chargée en avril 2008 de travailler à une réforme de la justice des mineurs dans l'esprit répressif ordinaire. Entre autres régressions elle proposait de fixer l'âge de la responsabilité pénale à 12 ans, de façon à pouvoir emprisonner dès cet âge-là alors que le seuil avait toujours été de 13 ans en France, déjà en deçà de beaucoup d'autres pays européens (la détention est impossible avant 14 ans en Allemagne et en Italie, 15 ans en Suisse, 16 ans en Espagne, au Portugal, en Belgique...). Cette suggestion s'inscrivait dans la droite ligne de discours aussi faux qu'insistants sur la plus grande précocité de la délinquance des mineurs. Devant le tollé suscité, le gouvernement faisait machine arrière et le Premier ministre, François Fillon, désavouant sans pitié Rachida Dati, déclarait : « Je suis totalement hostile à ce qu'on mette en prison des enfants de 12 ans et le gouvernement n'a pas de projet pour modifier la législation en ce sens. »

L'EMPIRE MÉDIATIQUE

Pas de sarkozysme sans intervention des médias. Rien de bien original à cela. Pour qu'une idéologie puisse naître et se développer encore faut-il qu'elle puisse se diffuser. Celle-là peut-être plus qu'une autre. Mais la presse et la télévision sont, en l'espèce, bien plus qu'un véhicule, qu'un support d'idées, de slogans ou de campagnes. Elles sont, à leur corps défendant ou avec enthousiasme, partie prenante de l'idéologie dominante. Bien loin de ne remplir qu'une simple fonction de propagande, elles lui sont consubstantielles.

La fonction ordinaire de propagande

Dans cette utilisation des médias, il y a, comme toujours, une fonction de propagande. On aurait tort de la négliger mais il serait vain de lui attribuer plus de pouvoir que dans n'importe quel autre système. Le sarkozysme n'est pas indifférent à la propagande, mais ce n'est pas sa marque de fabrique. Il utilise les « meilleurs » publicitaires, s'appuie sur un service communication des plus performant et des plus étoffé, entretient un réseau de relais médiatiques exceptionnel, mais cependant, il fait simplement mieux ce que d'autres font plus mal. Il n'y a là rien de très original. Les débats télévisés de campagne sont mieux préparés, les discours mieux « scénarisés », les slogans mieux choisis, les porte-parole plus nombreux... Nous sommes là sur le terrain ordinaire de la politique avec un candidat puis un président plus habile que les autres. Sans plus.

L'épisode qui vit, en avril 2008, l'idée d'une information gouvernementale propre, abandonnée aussitôt que lancée, montre bien combien le système sarkozyste diffère de la propagande ordinaire. Thierry Saussez a été nommé en avril 2008 délégué interministériel à la communication et directeur du service d'information du gouvernement. Lui, le vieux publicitaire, l'ami du président, imposé par lui pour éviter les brouhahas gouvernementaux, rompu à toutes les campagnes, lançait l'idée d'une « émission de communication gouvernementale à la télévision » pour « répondre aux questions des Français ». Tollé immédiat aussi bien dans l'opposition que dans la majorité. Franck Louvrier, le vrai communiquant, le maître du système, ami plus proche de Nicolas Sarkozy, désavouait aussitôt son concurrent qui n'avait rien compris au fond du sarkozysme. Il se drapait dans une dignité émouvante : « En dehors des circonstances exceptionnelles ou des traditions de vœux officiels qui voient le chef de l'Etat s'adresser à la nation, toute communication directe serait un mélange des genres douteux. » Phrases de circonstance. La vraie raison est ailleurs. Thierry Saussez en est resté au style Fabius des années quatre-vingt quand le jeune et fringant Premier ministre épuisait sans précaution son crédit dans une propagande télévisée déjà vouée à l'échec et qui ne lui attirait qu'ironie et commisération. Franck Louvrier ne le dira pas, mais le sarkozysme, c'est bien autre chose que la propagande même bien présentée. Et pourquoi diable se compliquer l'existence en mettant au point cette propagande quand elle lui est offerte sur un plateau par tant de publications ?

Car la fonction de propagande est bien présente, plus que jamais en France. *Le Journal du Dimanche* du groupe Lagardère en est l'illustration caricaturale, malgré la résistance des journalistes. Le nouveau rédacteur en chef, Claude Askolovitch, arrivé pendant l'été 2008, ne sait plus quoi inventer pour faire passer les messages sarkozystes. Un zèle émouvant qui se traduit par des unes dignes du service de communication présidentiel. Plus sarkozyste que les sarkozystes, il n'hésite pas à titrer en octobre : « Les Français veulent travailler le dimanche. » Il participe avec fougue à la mise en valeur de l'épouse du président : « Carla Bruni-Sarkozy s'engage. » Fin novembre 2008, ce journal s'ouvre sur un titre digne de l'époque glorieuse du communisme, « Sarkozy en maître du monde ». La société des journalistes du *JDD* adresse aux dirigeants du groupe une lettre ouverte dénonçant « une certaine dérive éditoriale » ; ils leur demandent « de restaurer et de garantir à l'avenir l'indépendance du titre ».

L'Express manifeste également un zèle touchant. Son directeur, Christophe Barbier, sur le plateau de la chaîne LCI, avait fait bien rire, lorsque Michel Field lui avait demandé quels étaient les nouveaux hommes politiques qui avaient marqué l'année 2008. Il avait, sans sourciller, cité dans son trio Carla Bruni. Interrogé en janvier 2009 sur France Info, il avouait sans honte : « Oui, dans un système politique français que le président a grandement centralisé, eh bien c'est par l'Elysée, c'est par le soupirail Sarkozy que nous devons, nous, regarder pour décrypter l'actualité. » Il suffit pour s'en assurer d'énumérer les unes de cet hebdomadaire qui, si souvent, affiche la photographie de Nicolas Sarkozy :

— Quel président je serai

— Peut-il être battu ?
— 2008, son plan de bataille
— Le président, dossier spécial 50 pages
— La révolution Sarkozy
— Pourquoi il fascine
— La saga Sarkozy
— Le défi des familles recomposées
— Ce qu'on ne vous a jamais dit sur Sarkozy (en photo avec Cécilia)
— Un couple à l'épreuve du pouvoir (en photo avec Cécilia)
— Enquête sur un couple au pouvoir (en photo avec Carla)
— Carla Bruni-Sarkozy, « Je ferai de mon mieux » (Carla sans Sarkozy)

La mainmise sur les médias privés

Cette propagande et le service idéologique qui l'accompagne résultent d'un contrôle des médias très poussé. Cette mainmise est une des pièces maîtresses du sarkozysme. Sans elle, il s'écroule aussitôt. Non seulement elle lui permet d'exister mais elle lui donne son sens. La proposition est curieuse à énoncer, presque gênante, car les médias ce ne sont pas seulement des entreprises, des groupes de sociétés, ce sont des journalistes consciencieux, talentueux et pour beaucoup, attachés à leur indépendance. Mais, quelles que soient leurs qualités personnelles, ils sont prisonniers d'un système qui les dépasse, où leur marge de manœuvre est de plus en plus étroite et qui plonge aujourd'hui, en France, ce métier dans une crise profonde.

On sait qu'un autre régime, très proche du sarkozysme, le berlusconisme, présente dans ce domaine des analogies troublantes. Actuellement Silvio Berlusconi contrôle très étroitement les médias par l'intermédiaire de son groupe Mediaset, ayant sous sa coupe la moitié du réseau radio et télévisuel. Il est en effet propriétaire des trois plus grandes chaînes de télévision privées italiennes (Canale 5, Italia 1, Rete 4) mais ses fonctions de Premier ministre lui permettent aussi de contrôler la RAI, chaîne publique, seule concurrente possible. Berlusconi a également un pied dans l'édition : la société Arnoldo Mondadori Editore, principal éditeur de livres et périodiques en Italie, est détenue à plus de 50 % par Fininvest, la holding du groupe Berlusconi, dirigée par Marina Berlusconi (sa fille). Cette société d'édition est particulièrement bien implantée en France puisqu'elle a, en 2006, racheté la société Emap France (troisième éditeur de presse français) devenue à l'occasion Mondadori France (de *Closer* à *Modes et Travaux* en passant par *Télé Star*). Fininvest est par ailleurs propriétaire des sociétés Medusa et Teatro Manzoni dans le secteur du cinéma.

En France, les médias privés sont aux mains de quelques grands groupes extrêmement liés au régime par de multiples canaux. Quant au service public de télévision, Nicolas Sarkozy l'a fait passer sous sa coupe avec un cynisme désarmant. Il faut rappeler ces faits, qu'on croit trop facilement connus de tous, car ils constituent une réalité structurelle du sarkozysme. Ils expliquent surtout qu'au-delà du président actuel de la République, les liens si puissants qui unissent le pouvoir à des intérêts privés sont faits pour durer. L'économie, la défense, la politique étrangère de la France et bien d'autres secteurs encore dépendent désormais de stratégies qui sont élaborées en commun entre les gouvernants et les dirigeants de sociétés privées. Le groupe Dassault a besoin du président de la République pour vendre ses avions. Le président a besoin du *Figaro* pour vendre sa politique. Ces alliances multiples scellent la politique nationale et internationale de la France pour longtemps. Elles définissent bien plus sûrement qu'un texte constitutionnel quel sera l'avenir des médias et ce, quels que soient le représentant du pouvoir, ses affections, ses amitiés.

— Le groupe Bouygues est dirigé par Martin Bouygues, le « meilleur ami » de Nicolas Sarkozy. Ils se sont connus quand ce dernier était maire de Neuilly. Martin Bouygues a été, avec Bernard Arnault, témoin du premier mariage du président. Il est le parrain du dernier enfant du couple, Louis. Le groupe a un chiffre d'affaires consolidé de 29 milliards d'euros. Implanté dans le BTP, l'énergie, le transport, les télécoms et les médias, il emploie 137 000 personnes. Dans ce dernier secteur, le groupe comprend TF1, qui détient elle-même d'autres chaînes (LCI, Eurosport, TMC, TV Breizh, Histoire...).

— Le groupe Bolloré, sous la houlette de Vincent Bolloré (843e fortune mondiale), ami intime de Nicolas Sarkozy (on se souvient qu'un de ses jets avait emmené la famille Sarkozy à Malte en 2007 et que son yacht, le *Paloma*, les avait accueillis), est un immense conglomérat touchant l'énergie, le transport, la logistique mais aussi les médias, la communication. 6 milliards de chiffre d'affaires en 2007. 6 000 personnes employées en France. L'empire Bolloré est en outre extrêmement puissant en Afrique.

Son développement dans les médias a commencé en 2004. On retrouve le groupe Bolloré dans le groupe publicitaire Havas, la SFP, l'institut de sondage CSA, la presse gratuite (*Direct Matin*), la chaîne Direct 8...

— Dirigé par Arnaud Lagardère, qui considère Nicolas Sarkozy comme son « frère », le groupe Lagardère, avec un chiffre d'affaires de 8,5 milliards d'euros en 2007, emploie près de

33 000 personnes. Il a pour activités principales l'aéronautique (la société EADS occupe la deuxième place mondiale dans l'industrie spatiale, aéronautique et de défense) et les médias. Dans ce secteur, le groupe est le troisième éditeur mondial (Lagardère Publishing). Lagardère Active regroupe d'autres activités très importantes : Europe 1, Virgin Radio, RFM, Hachette Filipacchi Médias (*Paris Match*). Le groupe est aussi propriétaire du réseau Relay.

On pourrait multiplier les exemples de ces liens entre les patrons, patrons de presse également, et Nicolas Sarkozy, citer le *Figaro* de Serge Dassault et tant d'autres. Le plus révélateur est la nomination de Laurent Solly à TF1. Jusqu'au 6 mai 2007, l'intéressé avait été directeur de campagne adjoint de Nicolas Sarkozy. C'est l'Elysée qui, dans les jours qui ont suivi, a annoncé sa nomination comme directeur adjoint (numéro 2) de TF1. Cet énarque, ancien sous-préfet et préfet, conseiller du ministre de l'Intérieur, n'avait strictement aucune expérience en télévision.

La mainmise sur l'audiovisuel public

La réforme constitutionnelle devait être un tournant du régime. Alain Duhamel voit même dans cette réforme de quoi contredire le discours sur la concentration des pouvoirs. Il est vrai que le nouvel article 11 de la Constitution issu de la loi du 23 juillet 2008 a fière allure, qui donne désormais à la loi le pouvoir de fixer les règles concernant « la liberté, le pluralisme et l'indépendance des médias ». Qu'est-il advenu de cette nouvelle règle du jeu ? Une supercherie. La loi sur l'audiovisuel donne à présent au président de la République le pouvoir de nommer lui-même et de révoquer le président de France Télévisions, de Radio France et de la holding qui regroupe l'audiovisuel extérieur de la France (RFI, TV5 et France 24). Une régression considérable qui nous ramène au temps de l'ORTF où la télévision, chaîne unique, n'était qu'un outil de propagande aux mains du pouvoir. Nous sommes revenus très exactement au début des années soixante-dix, lorsque Georges Pompidou, reprenant en main la télévision publique, affirmait haut et fort : « Qu'on le veuille ou non, et je sais qu'il y en a qui ne me croient pas, le journaliste à la télévision n'est pas un journaliste comme un autre. Il a des responsabilités supplémentaires. Qu'on le veuille ou non, la télévision est considérée comme la voix de la France, et par les Français, et par l'étranger. Cela impose une certaine réserve. »

Dans le seul dessein d'éviter la censure du Conseil constitutionnel, la loi a dû borner quelque peu les ambitions de la présidence de la

République : avis conforme du CSA, droit de regard symbolique des commissions des affaires culturelles de l'Assemblée et du Sénat. Reste que l'opposition n'a aucun pouvoir réel puisque, selon le mécanisme assez pervers de la loi, il faut les deux tiers des voix des commissions des lois non pour approuver une nomination mais pour s'y opposer. On a vu ainsi les noms des favoris du prince apparaître dans la presse : Jean-Luc Hees pour Radio France, puis Philippe Val pour France Inter.

Il faut donc être dans les petits papiers du président de la République, dans ceux de sa femme ou de ses proches pour diriger l'audiovisuel public. Plutôt que de créer une véritable autorité indépendante comme il en existe dans de vraies démocraties, la majorité parlementaire a préféré retirer l'essentiel de ses pouvoirs au CSA au prétexte, affirme Nicolas Sarkozy, de mettre fin à une « hypocrisie ». Tous les progrès récents de la démocratie consistent, il est vrai, à passer de l'hypocrisie au cynisme.

La soumission médiatique, censure et autocensure

Rien d'étonnant, dès lors, si les médias sont devenus un formidable véhicule idéologique du sarkozysme et si l'on assiste, globalement, à une soumission médiatique. La France connaît de nouveau la censure. Certes, il n'y a pas de commissaire à l'information, aucun journal n'est saisi. Les structures ont changé, les méthodes également. La censure s'est privatisée, elle aussi. Le régime sarkozyste la confie en sous-traitance aux chefs des grandes entreprises médiatiques qui se chargent eux-mêmes d'écarter les informations gênantes. Le plus souvent les ordres sont inutiles. La meilleure des censures, l'autocensure, suffit.

La curiosité des journalistes est strictement délimitée par le pouvoir. Malheur à qui enfreint la règle. En octobre 2007, le président, interrogé par une journaliste américaine sur ses relations avec sa femme Cécilia, arrête brutalement l'enregistrement, dans un état de rage folle, injuriant au passage ses collaborateurs. C'est à lui de régler l'entretien, d'en choisir les thèmes. Lui qui est prêt à renverser, dit-il, tous les tabous, interdit à la presse certains sujets. Tout est là : les médias doivent lui être utiles, ils doivent le servir. Finis alors les familiarités, les invitations, les accolades, et le tutoiement. Seul reste le mépris ordinaire. « Allez, faites votre joli métier ! » lance-t-il en mai 2005 à deux journalistes de France 3 qui l'interrogent sur sa vie privée. Dans les conférences de presse élyséennes, les questions restent polies et mesurées : surtout ne pas indisposer le président. D'où cette photographie de campagne où l'on voit Nicolas Sarkozy galoper, insoucieux, en pleine Camargue, suivi, à distance respectueuse et à portée d'objectif, d'une meute de journalistes entassés sur un tracteur et son chariot.

Peu de chose filtre de ces pratiques de censure et de manipulation. Il faut des circonstances exceptionnelles ou une affaire particulièrement visible pour que certains médias s'en emparent. Mais, là encore, qui peut parler ? Des journalistes courageux, des sociétés de rédaction qui se rebiffent. Il existe encore une presse indépendante. Minoritaire certes, mais réellement indépendante. De nouveaux médias surgissent sur internet, dont les moyens sont cependant limités et dont la diffusion demeure pour l'instant relativement confidentielle.

Les journalistes ont peur. Comme tant d'autres. Ils ont peur essentiellement pour leur place. Chacun a en tête l'éviction d'untel, la mise à l'écart de tel autre. L'emploi est un bien à préserver, y compris dans le secteur de l'information aux plans de licenciements récurrents. Chacun se souvient de l'éviction d'Alain Genestar, directeur de la rédaction de *Paris Match*, dont Nicolas Sarkozy, alors ministre de l'Intérieur, se vanta d'avoir obtenu la tête. Tout son crime était dans cette une de l'hebdomadaire du 25 août 2005 où s'étalait la photographie prise à New York du couple Cécilia Sarkozy-

Richard Attias. La grève des journalistes de l'hebdomadaire, le 26 juin 2006, n'y changera rien. Que penser de l'éviction de Patrick Poivre d'Arvor ? A l'évidence il payait, entre autres, cette phrase si juste mais assassine prononcée lors d'une interview sur TF1 le 20 juin 2007 à propos d'une réunion du G8 : « On vous a vu très à votre aise avec les différents chefs d'Etat et de gouvernement, presque même un peu excité comme un petit garçon qui est en train de rentrer dans la cour des grands. » Mieux vaut donc ménager le président si l'on veut garder son poste... mais aussi l'obtenir. Jean-Pierre Elkabbach a reconnu avoir demandé son avis à Nicolas Sarkozy avant de choisir le journaliste qui a suivi toute sa campagne sur Europe 1.

Pourquoi s'étonner du nombre d'informations qui passent alors à la trappe, des manipulations de toute sorte ? La liste serait trop longue. Nous sommes parfois dans le ridicule pur et simple. Le 9 août 2007, *Paris Match*, qui avait apparemment tiré les leçons du licenciement de son directeur, supprimait les bourrelets du président photographié pendant ses vacances aux Etats-Unis, à Wolfeboro, assis sur un canoë aux côtés de son fils. « La position sur le bateau exagérait cette protubérance. En allégeant les ombres, la correction a été exagérée en photogravure », expliquait le plus sérieusement du monde l'hebdomadaire. Le 19 novembre 2008, *Le Figaro* retouchait la

photographie de Rachida Dati. A la une était
annoncée une interview exclusive de la ministre
répliquant à une fronde des magistrats. Sur la
photographie, le garde des Sceaux tripotait négli-
gemment ses boucles d'oreilles. A son annulaire
gauche, bien en évidence, une magnifique bague
Chaumet : « Liens. » Or gris, pavé de diamants,
avec deux liens incrustés de diamants également,
d'une valeur de 15 600 €. La ministre n'avait rien
demandé. *Le Figaro* avait flairé la polémique et
préféré prendre les devants en caviardant son cli-
ché. Mal lui en a pris car la manipulation a été
éventée et largement commentée. David Pujadas,
présentateur du journal télévisé de 20 heures sur
la 2 explique très clairement la situation : « Le
principal danger qui nous guette est plus l'autocensure que la censure. Je ne crois pas que Nicolas Sarkozy veuille mettre l'information à sa botte,
mais comment s'affranchir de celui qui vous a fait
roi ? » (*Le Monde*, 15 février 2009.) Il ne s'agit pas
d'une adhésion avérée à un programme idéologique mais d'une molle et craintive soumission,
dont les intéressés, le plus souvent, ne se rendent
même plus compte. La servitude volontaire s'installe lentement dans les cœurs et les esprits, là
comme ailleurs. Elle se pare de toutes les vertus,
y compris celle de la bonne gestion d'une entreprise de presse. Avoir pour mission d'informer
ne prédispose pas davantage au courage que
n'importe quel autre métier.

L'EMPRISE MÉDIATIQUE

L'omniprésence

Le sarkozysme ne se contente pas de ce verrouillage dont l'originalité tient surtout aux liens très étroits entre de grands groupes privés (et accessoirement de presse) et le pouvoir. Cette construction n'est que la condition première – mais indispensable – d'une politique bien plus ambitieuse qui vise à occuper tout ce qu'il est possible d'occuper du terrain médiatique, et même au-delà.

Le sarkozysme est une présence extrême, à la limite de l'étouffement. On comprend sur-le-champ cette omniprésence en analysant la conversation ordinaire d'un Français moyen. Pour être honnête, chacun d'entre nous – hormis l'auteur de ces lignes, hors concours – devrait s'autoriser cette introspection rapide : combien de fois par jour, au pire par semaine, parle-t-il de Nicolas Sarkozy, de sa geste, de sa vie, de ses idées, de ses « réformes »... ? Les réponses sont édifiantes. Même chez ses pires détracteurs. Surtout, peut-être, chez eux. Le chef de l'Etat a pris possession d'une part considérable du cerveau disponible de chacun de nous. Il est devenu une de nos occupations ou préoccupations familières. Il a su imposer, avec la complicité active des médias, un certain nombre de mots et d'images qui nous rattachent à lui. Comme ces publicités diffusées en boucle, ou ces chansons qu'on ne peut s'empêcher de fredonner parfois avec agacement parce qu'elles s'installent en nous clandestinement à force d'avoir été entendues partout depuis si longtemps. Une fois conquis les médias, Nicolas Sarkozy s'est accaparé le temps médiatique, avant d'occuper notre cerveau. L'empire a engendré l'emprise.

La fonction d'envahissement du temps

L'originalité du sarkozysme tient à la globalité de son fonctionnement. Une illustration anecdotique du phénomène a été donnée lorsque quelques citoyens harassés (ou désespérés) ont eu l'idée d'une journée médiatique sans Sarkozy. L'association « Rassemblement pour la démocratie à la télévision » (RDT) avait, en 2007, lancé un appel pour le 30 novembre, date anniversaire de l'annonce officielle de la candidature aux élections présidentielles. Le mot d'ordre était clair pour que soit fêtée « une grande journée de la démocratie et de la liberté de la presse » : « Pas une image, pas un son, pas une ligne sur les faits et gestes de Nicolas Sarkozy ne doivent sortir, ce jour-là, des rédactions ! Ni éloge, ni critiques, ni commentaires ! » Le résultat fut un fiasco complet, le président faisait ce matin-là la une de tous les médias après une intervention « très attendue » sur le pouvoir d'achat. La journée sans Sarkozy ne fut qu'un événement, un de plus, qui permit de parler, de façon à peine différente, de Nicolas Sarkozy.

Le sarkozysme consiste donc à être en permanence présent dans les médias, sur tous les terrains et pour n'importe quoi. En oubliant cette vieille mise en garde contre la lassitude des citoyens. La plupart des politiques pensent encore qu'il faut ménager leur image, la façonner, la livrer avec parcimonie pour éviter cet écœurement progressif qui a usé jusqu'à la corde la réputation des hommes les plus célèbres. Cette idée-là est celle des démocraties ordinaires où la mesure et l'équilibre des pouvoirs ont un sens. Or nous ne sommes plus dans une démocratie ordinaire. Au risque de choquer, il faut plutôt – dans ce domaine – se référer aux pays autoritaires où la vie du dirigeant suprême est l'objet d'un véritable culte et où les discours du chef se comptent en heures. La force et la brutalité d'une police ou d'un quelconque service secret expliquent assez l'engouement obligé d'un peuple. Rien de tel chez nous. C'est tout le drame d'un régime tel que le nôtre que de pouvoir se passer de la contrainte pour imposer la même soumission. Les médias fournissent cet outil d'asservissement indolore.

Mieux que quiconque, Nicolas Sarkozy, qui rêvait dans sa jeunesse d'être journaliste, a compris qu'il fallait opérer un hold-up permanent sur les agendas médiatiques. Ne jamais se laisser imposer un ordre du jour, ne jamais dépendre d'un autre temps, d'une autre chronologie. Régler soi-même les horloges du cadran. L'Elysée est devenu une sorte d'agence événementielle, une entreprise de spectacle, proposant chaque matin à toutes les rédactions un calendrier rempli à ras bord. L'ordre du jour présidentiel devient le méridien de référence à partir duquel toute la vie politique et médiatique doit s'organiser. Tout est prétexte pour imposer une image, une parole. Qu'il travaille ou qu'il soit en vacances, qu'il soit en costume ou en tee-shirt, en vélo ou en avion, peu importe. Le rythme frénétique de son « activité » politique va de pair avec cette exhibition. L'homme se déplace sans cesse. Parcourt la France et le monde du matin au soir. Reçoit, rend visite. Ses interventions officielles sont annoncées longtemps à l'avance. L'annonce elle-même devient un événement. Il décide sans cesse et de tout. De comment sauver le capitalisme mais aussi de l'installation de caméras de vidéo-surveillance dans les hôpitaux psychiatriques. De ramener la paix sur la planète mais aussi de trouver un créneau sur France 2 pour David Hallyday. Le champ de sa présence devient infini.

L'image est capitale mais la parole reste l'essentiel. Le sarkozysme est verbeux. Jamais la France n'a connu de chef de l'Etat aussi prolixe. Jamais homme politique n'avait prononcé autant de discours en tout genre. Nous sommes face à une vraie machine à allocutions qui fait tourner à plein régime une armée de « plumes ». Devant des parterres soigneusement choisis, le chef de l'Etat déverse avec une allégresse manifeste des flots ininterrompus de paroles. Mots, expressions en apparence libres mais le plus souvent calibrés avec minutie pour faire mouche et s'inscrire dans la mémoire collective.

Les médias suivent pas à pas, couvrent tout, pas assez parfois selon l'Elysée. L'AFP a été ainsi la cible d'attaques virulentes du président de la République pour ne pas avoir donné de place suffisante aux communiqués de l'UMP critiquant Ségolène Royal. Mais d'ordinaire le pouvoir n'a pas à se plaindre de son sort. Le conseil supérieur de l'audiovisuel ne trouvait d'ailleurs rien à redire à l'envahissement du petit écran par le président de la République. Selon le baromètre des journaux télévisés de l'Institut national de l'audiovisuel, Nicolas Sarkozy était pourtant apparu à l'écran 224 fois entre mai et août 2007, alors que Jacques Chirac n'y avait été vu que 94 fois en 1995 et 75 fois en 2002 pendant la même période. Et le rythme n'avait pas baissé par la suite. Il a fallu que le Conseil d'Etat se

fâche en avril 2009 et annule la décision du CSA
en l'obligeant à prendre en considération les
interventions du président et celles de ses collaborateurs pour que soit réellement respecté le
principe du pluralisme politique.

Face à ce déluge d'événements, il est difficile
d'exister. L'opposition, les oppositions s'essouf-
flent à courir derrière Nicolas Sarkozy. Des
dizaines de fronts sont ouverts en même temps,
que le président ranime ou fait ranimer à sa
guise, épuisant ses adversaires les uns après les
autres. Et même lorsqu'il doit subir l'événement, il s'arrange, d'un mot, d'un geste, pour le
contourner, allumer un contre-feu et ramener
les projecteurs sur lui. Un exemple parmi tant
d'autres. Fondant sa réputation sur le recul de
la délinquance, Nicolas Sarkozy doit faire face
pour le réveillon 2008 à une augmentation du
nombre de voitures brûlées. 1 147 véhicules
incendiés contre 878 en 2007. Un désastre à
l'aune des critères ordinaires du sarkozysme :
l'efficacité, le résultat. Surtout en matière de
lutte contre la délinquance. La parade est donc
de trouver une idée qui permette d'occuper au
plus vite la scène médiatique et de masquer un
échec patent. Dès le 1er janvier Nicolas Sarkozy
lance une « idée » : « Je veux qu'on réfléchisse à
la possibilité pour les juridictions pénales
d'interdire à un mineur condamné pour des
faits d'incendie de véhicule de passer un permis

de conduire pour des véhicules de deux ou quatre roues aussi longtemps que la victime des faits
ou le fonds de garantie n'a pas été indemnisé en
totalité. » Le tour est joué. Le titre de la presse
sera donc : « Pas de permis pour ceux qui mettent le feu aux voitures ? » (*Le Figaro*) « L'Elysée
souhaite interdire de permis les incendiaires de
voiture » (*Le Monde*, AFP). L'idée est simple.
Fausse évidemment puisque parmi les incendiaires on compte bon nombre de majeurs. Inefficacité garantie puisque ce type de mesure est sans
aucun rapport avec les facteurs de cette délin-
quance-là. Mais la presse a emboîté le pas. Plutôt
que de s'interroger sur les raisons de ces incen-
dies à répétition, plutôt que de constater
l'aggravation statistique, plutôt que de contester la pertinence de cette manœuvre. L'opposition a fini par crier à la supercherie. Trop tard,
l'actualité était partie sur un autre sujet. L'esca-
motage avait fonctionné.

L'envahissement du discours

Quelques-uns ont expliqué le phénomène par
le concept de storytelling, cette fabrique à
raconter des histoires, à formater les esprits en
lieu et place d'un discours politique qu'on dit
déliquescent. Christian Salmon (*Storytelling, la
machine à fabriquer des histoires et à formater les*

esprits, La Découverte, 2007) utilise l'image forte d'une « arme de distraction massive ». Il s'agit non seulement d'inventer des scénarios mais de remplacer la réalité par ces histoires qui font davantage appel à l'émotion qu'à la raison. Dans le monde du commerce, de la production, de la politique... nous ne sommes plus en face de campagnes de publicité, de campagnes électorales, nous entrons de plain-pied dans une fiction romanesque. Il faut moins façonner le réel que faire travailler l'imaginaire. Faire travailler Hollywood avec le Pentagone, appeler au pouvoir, près du pouvoir en tout cas, des scénaristes, des dialoguistes, des « spin doctors » ou des « story spinners ». A eux d'inventer un discours, une image, une histoire qui fasse rêver. Précurseurs en la matière, les Américains ont inventé l'art de créer un candidat à partir de rien, mais un candidat qui raconte une histoire. Reagan, l'acteur, prototype de ce néant politique incarne l'histoire du cow-boy de série B auquel peut s'identifier une certaine Amérique. Schwarzenegger est encore plus caricatural.

Si le sarkozysme avait quelque retard sur le storytelling américain, il l'a vite rattrapé, et même largement dépassé. Il y a toujours quelques histoires qui traînent mais ce n'est plus le ressort principal. L'histoire, c'est dans une large mesure la vie privée du président qui, évidemment, fait partie du film. On ne pouvait pas rêver mieux : écrit et interprété sur mesure. Le divorce, la nouvelle histoire d'amour qui débute aussitôt sous les auspices d'un grand publicitaire, le mariage, la personnalité de la mariée, star du show-biz qui va pouvoir, à mesure de ses disques et de ses apparitions comme chanteuse, maintenir le rythme d'une romance censée faire rêver. Quelques sceptiques ne croient pas à la réalité de cette union. Peu importe, ce doute même fait partie du script. La saga se poursuit avec l'entrée en politique d'un des fils Sarkozy qui devient le héros d'un obscur combat dans les Hauts-de-Seine.

Le sarkozysme va au-delà du storytelling. Il l'intègre à l'occasion. Il en fait l'un de ses outils, sans plus. Du storytelling, il prend l'idée que seul vaut ce qui est dit et montré : la réalité n'a qu'une importance relative, voire n'en a pas du tout. On pourrait rêver d'une stratégie où les deux se rejoignent, où les actes posés et les mots prononcés devant les médias sont signifiants et engagent vraiment. Tel n'est pas le cas. Certains pourraient s'offusquer et parler de mensonges, de mise en scène. C'est possible et même parfois patent. Mais il faut laisser la morale un instant de côté pour comprendre. Nous sommes dans une pure logique d'apparence. L'important est le récit fait d'un événement plus que l'événement lui-même. L'histoire doit être pleine de sens, riche de retombées politiques. L'événement rapporté, les mots répétés sont en eux-mêmes indifférents. La vie du chef, la nôtre en consé-quence, doit être cette succession de récits que l'on peut faire de son action. Il y a aussi les déplacements continuels du président, ses voya-ges souvent très brefs, à l'étranger ou en France, ses pèlerinages incessants sur les lieux d'un drame, le choix de telle localité symbolique pour prononcer un discours, l'invocation de Jaurès, la lecture de la lettre de Guy Môquet. Autant de petites ou grandes mises en scène d'histoires de taille et d'intensité variables.

On pourrait écrire que les médias sont friands de faits divers. Il est plus honnête de dire que le lecteur ou le téléspectateur le sont. Le sarko-zysme l'a intégré et se glisse dès lors dans les programmes des journaux télévisés. Les faits divers qui émeuvent l'opinion publique sont une matière première commune des médias et du sarkozysme. Les premiers sont certains d'un audimat raisonnable, le second d'une accroche facile par l'émotion suscitée et entretenue.

L'envahissement des esprits

Dans le fonctionnement médiatique du sarko-zysme, si bien huilé, les mécanismes de domina-tion et de contrôle sont donc primordiaux. Mais il serait absurde de n'y voir qu'un jeu de rouages machiavéliques, un sourd complot monté dans le silence de secrètes complicités. La culture médiatique de masse s'accorde à merveille avec les nouvelles tendances politiques.

— La culture de masse

« Soyons réalistes : à la base, le métier de TF1, c'est d'aider Coca-Cola, par exemple, à vendre son produit... Or pour qu'un message publicitaire soit perçu, il faut que le cerveau du téléspectateur soit disponible. Nos émissions ont pour vocation de le rendre disponible : c'est-à-dire de le divertir, de le détendre pour le préparer entre deux messages. Ce que nous vendons à Coca-Cola, c'est du temps de cerveau humain disponible. » Toute la philosophie de la principale chaîne de télévision privée française est résumée dans ces quelques phrases prononcées en juillet 2004 par Patrick Le Lay, alors PDG de TF1. Elle reflète parfaitement l'état d'une bonne part de la culture : tournée vers la consommation, inspirée, infiltrée et encadrée par elle. Une culture qui se fabrique et s'apprécie comme des bouteilles de Coca-Cola. Médiamétrie sert à cela, mesurant, pour les télévisions, l'évolution des audiences à la seconde près, pour pouvoir, entre autres, fixer le prix du temps d'antenne publicitaire. Beaucoup de programmes naissent ou meurent sur l'autel de l'audimat. Dans ce cerveau humain disponible se développe ainsi une culture nouvelle avec son langage, ses images, ses valeurs, ses héros... Chaque jeu, chaque émission, chaque reportage, chaque « actualité » apporte au téléspectateur moyen – qui passe aujourd'hui trois heures et demie par jour devant l'écran – ses modèles humains et sa grille de lecture de la vie.

Les représentations de la société sont celles d'un monde dur, insécurisé, compétitif où chacun peut gagner – de l'argent évidemment, un maximum d'argent – mais ne le pourra qu'au prix de sacrifices, de douleurs, ou d'un dévoilement intégral de son intimité. A cet égard, l'émission « Le maillon faible » (2001/2007) était la plus emblématique. Au bout du questionnaire, les candidats éliminaient eux-mêmes, sous l'œil féroce de l'animateur, celui qu'ils estimaient le moins « performant ». A côté de cette promotion de la docilité et de l'humiliation, pullulent d'innombrables émissions de télé-réalité. Le phénomène est mondial. M6 avait lancé le produit en 2001 avec « Loft Story ». Ont suivi « Nice People », « Les Colocataires », « Secret Story », la dernière, avec une audience moyenne de 4,3 millions de téléspectateurs. L'émission-mère, rappelons-le, était néerlandaise et ne cachait pas sa filiation : « Big Brother. » Plus personne ne s'étonne donc de voir ces personnages vivre sous l'œil d'une batterie de caméras qui scrutent leurs vies dans les moindres détails. Plus largement, les médias vivent à longueur de journée grâce aux stars en tout genre : ceux qui ont réussi, qu'on admire et que l'on veut inlassablement imiter. Classés le plus souvent en fonction de leurs revenus, ils sont le modèle indépassable. Le « top cinquante » des chanteurs, des acteurs, des footballeurs... Tous ceux que l'on voit à longueur d'écran défiler sur tous les plateaux de télévision, qui font le succès de la presse people (près de trois millions d'exemplaire par semaine) et à qui l'on demande leur avis sur tout et rien. Le monde du show-biz aux relations toujours plus intimes avec celui de la politique. Une culture de masse où joue aussi la fascination/répulsion pour le crime. On ne compte plus les séries et émissions en tout genre consacrées à la criminalité, à la police, à la justice. Fictions et reportages rejoignent l'envahissement des journaux télévisés par les faits divers : rixes, meurtres, attaques en bande si possible, avec mineurs de préférence, très jeunes si l'occasion se présente et surtout en milieu scolaire. Se répète ainsi en boucle, d'une série policière à un reportage d'actualité, d'un film à un débat avec policier, psychiatre et évidemment victime, une célébration de la criminalité et de l'insécurité, un culte de la peur.

— **Symbiose**

Le sarkozysme baigne dans cette culture et cette inculture-là. Il existe certes une politique officielle de la culture, un ministre, des services... Mais la stratégie d'Etat n'a rien à voir avec cette idéologie qui envahit nos esprits. La méthode est subtile. Personne n'ose trop appuyer le trait. Personne ne dira : « Comme le soulignait récemment notre président... » La communauté de pensée est telle qu'il est inutile de sourcer cette dernière. Mieux que n'importe quelle idéologie, le sarkozysme a réussi à imposer ainsi son vocabulaire, sa syntaxe, son style, qui se glissent dans notre intimité, dans le langage et les pensées de chacun, chaque jour. Se débarrasser de ce quotidien nécessite un effort d'autant plus violent qu'il faut d'abord en avoir conscience. Discuter, quel que soit le sujet, impose, désormais, un préalable lexical : remplacer un mot par un autre, une expression par une autre. Redéfinir tout un vocabulaire enfoui dans une gangue idéologique de plus en plus épaisse. Il faudrait consacrer un livre entier à cet envahissement de notre dictionnaire personnel par ces mots qui deviennent indiscutables et bloquent la pensée. Le mérite, l'excellence, le travail, l'assistanat, les réformes, la rupture, la tolérance zéro, les jeunes, le temps réel, l'identité nationale, les voyous, les monstres, la dangerosité, etc. La définition de ces mots, et de tant d'autres, a été modifiée de fond en comble, sans que l'Académie ait été consultée.

Ainsi la grève : le 29 janvier 2009 une grève nationale est lancée. Les médias titrent inlassablement sur le « jeudi noir ». Même si les revendications sont expliquées dans un second temps, ce sont les perturbations qui sont immédiatement avancées avec l'utilisation de cette image forte. La première signification de « jeudi noir » reste en effet ce premier jour du krach de 1929, le jeudi 24 octobre, lorsque Wall Street a amorcé sa chute sans fin.

Le Figaro, mardi 27 janvier, titre : « Grèves : "Jeudi noir" en perspective. »

Le JDD, 26 janvier : « Jeudi noir en perspective. »

Le Monde du 29 propose « Vos photos du jeudi noir ».

Ainsi, les malades mentaux : lorsque Nicolas Sarkozy part en guerre contre les fous dangereux, fin 2008, la presse, d'elle-même, évoque très largement la fugue d'un schizophrène de l'hôpital de Marseille. C'est un schizophrène dangereux, nous dit-on. Son portrait – une figure squelettique et hallucinée –, choisi avec soin, est largement diffusé. On rappelle qu'il a tué à coups de hache il y a quelques années et qu'il a bénéficié d'un non-lieu en raison de son état de santé mentale. Il n'est plus question que du « tueur à la hache » que toutes les polices recherchent. Les enfants de la personne décédée de la première agression sont retrouvés. Ils sont interviewés et racontent leur nouvelle peur.

On parle même d'une « évasion », alors que ce malade n'était pas en prison. Le mot est lâché. Ce nouveau vocabulaire permet immédiatement de planter le décor : le malade est une sorte de prisonnier, l'hôpital psychiatrique une sorte de prison. Quelques jours d'angoisse, bien distillée, ont permis d'illustrer le propos de Nicolas Sarkozy et de servir ses propositions. Qui oserait dire, après ce matraquage médiatique et ces mots imposés sans beaucoup de contestation, que l'immense majorité des malades mentaux n'est pas dangereuse ? Qu'ils ont davantage besoin d'écoute, de compréhension, de lien, que de surveillance et d'enfermement ?

Ainsi, la délinquance précoce. Lorsque Rachida Dati reçoit, début 2009, le rapport Varinard dont l'une des propositions les plus aberrantes est l'emprisonnement des enfants de 12 ans, on voit, très exactement au même moment, surgir dans une certaine presse, *Le Figaro* entre autres, des articles qui évoquent longuement les jeux dangereux des enfants et surtout, ce jeu dont le nom suffit à planter le décor : « Le petit pont massacreur »... « Les jeux dangereux des enfants reviennent sur le devant de la scène, explique le quotidien. En l'espace de deux semaines, deux élèves de 12 ans ont été passés à tabac par leurs camarades au point de devoir être transférés à l'hôpital... Avec le même scénario, celui du jeu du "petit pont

massacreur" : un enfant écarte les jambes ; un
ballon est lancé et s'il ne le rattrape pas, il est
roué de coups. Jeudi, une dizaine de mineurs
du collège a été interpellée. Ils ont été placés en
retenue par les policiers dans le cadre de
l'enquête... » Comment ne pas se dire à la lecture de tels articles, qu'effectivement un enfant
de 12 ans peut devenir un vrai massacreur et
que la prison, en pareil cas, doit avoir du bon ?
Tout ce qui permet de développer la thèse de
cette délinquance toujours plus précoce – qui
ne s'appuie sur aucune donnée chiffrée, aucune
étude un tant soit peu scientifique – est immédiatement exploité, et surexploité. Quand *Le
Journal du Dimanche* ose un article sur le bandi-
tisme et la recrudescence des règlements de
compte dans le milieu, il titre « Des mômes montent au braquage ». On cherche tout au long de
l'article ce qui justifie une telle annonce avant
d'apprendre, en fin de papier, au détour d'une
phrase du patron de l'Office central de lutte
contre le crime organisé, qu'il s'agit parfois de
mômes de... « 14-15 ans ».

En réalité, il n'existe pas de statistiques policières sur l'évolution de la délinquance des
mineurs par tranche d'âge. Les seuls chiffres
disponibles sont ceux du ministère de la Justice ;
ils concernent les sanctions prononcées par les
juridictions pour mineurs. La statistique judiciaire ne distingue par tranche d'âge que depuis

1989 : moins de 13 ans, 13-16 ans et 16-18 ans. Or, comme le souligne Laurent Mucchielli, spécialiste de la délinquance des mineurs (Note statistique de (re)cadrage sur la délinquance des mineurs), on constate depuis 1989 une stabilité parfaite de la répartition selon les âges. Il n'y a aucune recrudescence de la délinquance des jeunes mineurs. Les mineurs de moins de 13 ans représentent 0,3 % de la totalité des condamnations en France en 2006, soit 2 022 enfants. La même année, 32 enfants de moins de 13 ans ont été condamnés dans des affaires criminelles. En 2007, 27 (il s'agit quasi exclusivement de violences sexuelles en milieu familial), soit 0,8 % de la totalité des condamnations de ce type.

Il est donc aisé de faire passer le message propre du sarkozysme ou ses mots d'ordre du moment. La réalité reconstruite, tout paraît évident. Les médias ont opéré au préalable une sélection drastique des événements, des acteurs. Ils n'ont gardé de la vie que ce qui s'inscrit en définitive dans le même cadre, dans la même approche idéologiques. Un nouveau vocabulaire a été plaqué que partagent les politiques et les journalistes. Et pour l'instant les citoyens.

CHAPITRE III

L'ÉTAT-LIMITE

LE SARKOZYSME
À LA FRONTIÈRE DE LA DÉMOCRATIE

La frontière instable de la démocratie

L'état limite, en psychiatrie, est une situation intermédiaire, à la frontière entre névrose et psychose. Si l'on consulte la définition de cette pathologie, voici ce qu'en disent les meilleurs spécialistes : le trouble se traduit par différents symptômes, variables selon les cas, notamment par une forte instabilité affective, une inconstance, une grande impulsivité, des colères intenses, une perturbation de l'identité, une simplification du monde (les bons, les mauvais)...

L'Etat-limite, c'est cette situation intermédiaire où nous ne sommes ni dans la démocratie ordinaire, ni dans la dictature, mais où l'on trouve tous les ferments d'un basculement possible. Une zone frontière chaotique, avec des allers-retours, des moments clastiques, d'autres relativement calmes. Tout comme dans le trouble ordinaire de la personnalité où l'intelligence demeure et les structures essentielles ne sont pas atteintes, l'Etat-limite conserve l'architecture de la démocratie. Nous voyons fonctionner un Parlement, des élections ont lieu, les médias existent, la justice juge, les oppositions s'expriment. Mais le régime se caractérise par une excitation, une agitation extrême qui contredit violemment le cadre visible des institutions. L'appareil d'Etat fonctionne de façon inhabituelle. Sur la base d'une idéologie inquiétante et démagogique, se développent une volonté d'absolu dans les résolutions, un extrémisme dans les positions, une impulsivité dans la parole, une agressivité dans l'action, qui se traduisent par une exacerbation permanente de la violence d'Etat. Les frontières sont tutoyées, dépassées même parfois, préservées souvent grâce à une mobilisation de plus en plus massive des forces démocratiques. L'Etat-limite, c'est – version optimiste – un équilibre très instable et précaire ou – version pessimiste – un déséquilibre permanent et dangereux.

L'État-limite

Equilibre des pouvoirs

Si, dans le domaine des idées, nous sommes à l'opposé de l'humanisme, dans le champ du politique, nous sommes aux antipodes de la philosophie des droits de l'homme et des Lumières. Face à l'absolutisme, la Révolution a posé le principe d'une retenue permanente : la violence d'Etat doit être limitée au strict nécessaire. Cet esprit de tolérance, cette modération découlent d'une stricte séparation des pouvoirs qui empêche tout arbitraire. Au lieu d'être concentrée dans les mêmes mains, la puissance publique est répartie entre différents acteurs sous le regard et le contrôle des citoyens. Les pouvoirs d'aujourd'hui ne sont certes pas ceux de la fin du XVIIIᵉ siècle, l'espace dans lequel ils s'affrontent a profondément changé, mais le principe reste le même. L'équilibre des pouvoirs, le rejet de leur concentration n'est jamais que l'expression d'une antique sagesse. Dans le régime sarkozyste, la personnalisation extrême de la présidence, sa starisation permanente, la mise en scène quotidienne du dirigeant suprême, entraînent une déliquescence progressive des autres institutions. Dans cette volonté d'apporter réponse à tout et dans les plus brefs délais, se niche une défiance absolue à l'égard de tous les autres acteurs d'une société démocratique. Le

143

jeu ordinaire des institutions est vécu comme un mécanisme d'un autre âge. Le Parlement, la justice apparaissent d'un archaïsme insoutenable face à un exécutif hyperactif et à la pointe de la modernité : tout ce qui permet de les contourner ou de les réduire est donc bienvenu. Le sarkozysme est glouton. Il phagocyte tout ce qui n'ose lui résister.

Auto-limitation de l'Etat

Si pour tout humain, l'autre est une limite structurante, pour tout Etat, la loi est une borne vivifiante. Elle trace une ligne, un cercle qui le contient et le définit et qu'il ne peut franchir sans nier le citoyen. La loi le crée avec des mots d'autant plus précis que les libertés sont davantage susceptibles d'être menacées. La Déclaration des droits de l'homme et du citoyen ne dit rien d'autre. L'article 9, qui fonde la présomption d'innocence, prévoit que « tout homme étant présumé innocent jusqu'à ce qu'il ait été déclaré coupable, s'il est jugé indispensable de l'arrêter, toute rigueur qui ne serait pas nécessaire pour s'assurer de sa personne doit être sévèrement réprimée par la loi ». Même quand un crime est commis, le bras armé de l'Etat doit être maîtrisé et contrôlé. L'homme importe plus que l'Etat. Il est la mesure de toute chose. Il est cet infini sur lequel doit nécessairement buter l'appareil fini de l'Etat.

Entre ruptures et levée des tabous, la tentation permanente de la transgression

C'est ce que le sarkozysme, fondé sur d'autres valeurs, oublie constamment. Les prémisses de son action ne sont jamais l'homme et ses droits mais toujours ses propres fondements idéologiques, la peur, le principe de précaution, la préservation des déviants de toute sorte, l'intérêt supposé des victimes, la croyance en un destin, l'exaltation de la richesse... Dès lors, les limites de l'humanisme et des droits de l'homme n'ont plus de valeur en soi. Elles deviennent des obstacles qu'il convient de contourner ou de repousser toujours plus loin. La « rupture » n'est pas qu'un thème commode de campagne. Elle signifie que cet endiguement nécessaire à l'action de l'Etat est un non-sens. Il faut le rompre dès que nécessaire.

Lever les tabous, tel est un des slogans de ce régime, assoiffé d'apparente modernité. L'expression revient constamment dans sa vulgate. Immigration, emploi, laïcité, défense... Les règles du fonctionnement ordinaire de l'Etat sont présentées comme autant de signes d'immobilisme. Le sarkozysme se fonde sur une idéologie transgressive, destructrice des lignes habituelles de la démocratie. La règle essentielle de la non-rétroactivité des lois, par exemple, est présentée comme un archaïsme inexplicable. Elle est pourtant un des plus vieux fondements de la démocratie. On ne peut punir pour un crime ou un délit que si la loi le prévoyait au moment où l'acte a été commis. Toutes les déclarations de droits de l'homme le proclament haut et fort dès les premiers articles de toutes les chartes nationales ou internationales. Et les violations de ce principe, on le sait, ont toujours marqué les heures les plus noires de l'humanité. Nicolas Sarkozy et les siens ne cessent de vouloir nier ce qu'ils présentent comme un « tabou », au nom de l'intérêt des victimes, d'une réponse immédiate à la délinquance, d'une sécurité absolue...

Le sarkozysme est d'un côté la sacralisation de l'ordre dans sa conception la plus traditionnelle, la plus conservatrice, la plus ultra-libérale qui soit, et de l'autre côté, il est une transgression permanente de l'ordre établi – souvent par lui-même – qu'il revendique sous la dénomination générique de « rupture ». C'est ce rapport appa-remment contradictoire à la loi que Nicolas Sarkozy tentait d'expliciter dans son entretien avec Michel Onfray en mars 2007 (*Philosophie Magazine*) : « Je pense qu'on se construit en transgressant. Moi-même j'ai créé mon person-nage en transgressant certaines règles. Je crois en la transgression. Pour transgresser, il faut qu'il y ait des règles. Il faut qu'il y ait de l'autorité, des lois. L'intérêt de la règle, de la limite, de la norme, c'est justement qu'elles permettent la transgression. Sans règles, pas de transgression. Donc pas de liberté. Car la liberté, c'est de transgresser. » Tout est là : la transgression est première. Au-delà du personnage et de son histoire personnelle, elle traduit la volonté d'instaurer un ordre nouveau, au service d'une liberté, dira-t-on. Non celle des citoyens mais celle des détenteurs du pouvoir.

L'AUTORITARISME

La détestation de la faiblesse,
la dénonciation du laxisme, enfants du relativisme

Le sarkozysme ne supporte pas la faiblesse des convictions. Au rebours de la droite classique, il revendique haut et fort ses valeurs et ses idées et se gausse de l'ancienne droite honteuse qui s'arrêtait toujours en chemin. Nicolas Sarkozy fustige en permanence le relativisme, la mollesse, les hésitations, la « fainéantise ». Les formules telles que la « tolérance zéro » utilisée à tort et à travers, les objectifs chiffrés imposés dans tant de politiques publiques, traduisent la violence d'un projet qui exclut autant qu'il le peut la variable humaine, le facteur individuel, ressentis comme autant d'impuretés dans le modèle idéologique, comme autant de défaillance de l'action politique. La tolérance, le laxisme : autant de slogans destinés à fustiger tous ceux qui, jusque-là, osaient utiliser l'appareil d'Etat à d'autres fins que la répression. Haro sur ces hommes, symboles d'un Etat mou, qui ne vont pas jusqu'au bout de la force de la loi, jusqu'à la limite de la violence légitime et violent par là l'un des fondements du système, son absolutisme.

Ainsi la police de proximité constitue-t-elle une aberration pour le sarkozysme, un objet de dérision. La police ne saurait être qu'une police d'interpellation. Au-delà des questions techniques, il y a dans ce simple mot de « proximité », quelque chose d'insupportablement humain. Une négation de la notion sarkozyste de la police. Dans une tribune du *Monde*, le 5 novembre 2005, Nicolas Sarkozy se gaussait de ses prédécesseurs socialistes et de « leur conception hémiplégique de la police de proximité qui n'était en fait que du laxisme et de la faiblesse déguisés... Je considère que le rôle de la police n'est pas de faire de l'animation sportive ». Dès 2003, il avait averti dans son style démagogique inimitable : « La police, ce n'est pas du social. Vous êtes là pour arrêter des voyous, pas pour organiser des matchs de foot. »

On retrouve la même rengaine s'agissant de l'autre bête noire du régime, les juges des enfants dont l'action est conspuée comme un encouragement à la délinquance. « C'est de la non-assistance à personne en danger que de ne pas sanctionner un mineur quand il fait quelque chose de grave au prétexte qu'il est mineur. Car on l'encourage à s'enfoncer dans la délinquance la plus forte » (« A vous de juger », 30 novembre 2006). On se souvient de sa croisade contre les juges des enfants de Bobigny. Le sarkozysme, après une longue attente, s'est enfin vu confier les rênes du pouvoir. Il n'a eu de cesse de se débarrasser des vestiges du laxisme honni. Rachida Dati a été chargée de démanteler la justice des mineurs. La police est devenue un appareil purement répressif totalement soumis aux ordres et aux caprices du gouvernement. Mais c'est dans tous les secteurs de la politique que l'appareil de l'Etat-limite a été débridé.

La détestation des contre-pouvoirs : un patron qui écoute et fait ce qu'il veut

Le sarkozysme c'est aussi une idée de l'autorité, à l'ancienne, telle que la société en avait perdu le souvenir depuis longtemps, au moins depuis Mai 1968. Le personnage reprend ici de l'importance. Nicolas Sarkozy théorise moins cet aspect de son idéologie qu'il ne la vit. Il est l'incarnation quotidienne de cette autorité cassante et brutale. Cette façon d'exercer le pouvoir est capitale : elle fournit un modèle fort, visible par tous, applicable à la société dans son entier. Les références appartiennent à l'histoire : l'ancien « chef de famille », le patron d'avant le droit syndical. Cette époque où l'autorité n'avait pas à se justifier, où elle ne reposait que sur elle-même, et où les manquements aux règles se traduisaient aussitôt par la punition, la sanction. Le sarkozysme nous propose une société autoritaire à l'ancienne mais dotée des outils actuels de gestion du capitalisme.

Il faut donc absolument un chef, dont le modèle soit reproductible à tous les échelons de la société. Un chef qui détienne un pouvoir le moins contestable possible : sans trop de concertation et avec la force toujours à portée de main. Dans le discours prononcé le 2 décembre 2008, sur l'hôpital psychiatrique, Nicolas Sarkozy ne pouvait s'empêcher de déborder un peu du sujet. Il se lançait dans une longue explication extrêmement confuse dont le style déplorable, à l'époque, avait fait beaucoup rire, mais qui contient plus d'enseignements qu'on ne le pense. On y retrouve la glorification du chef unique et tout-puissant et l'obsession de l'action : « Il faut que l'hôpital psychiatrique – allez, j'ose le mot – ait un patron, et un seul, qui ait le pouvoir de dire oui, de décider et d'agir. » Mais on y trouve aussi la « théorie » de l'élimination des contre-pouvoirs : « Permettez-moi d'adresser un message particulier aux directeurs d'hôpitaux, qui sont au cœur de la réforme de l'hôpital que j'ai voulue avec Roselyne Bachelot. Je leur fais confiance. J'ai de l'estime pour le travail remarquable qui est le leur. Mais pourquoi dis-je qu'il faut un patron à l'hôpital ? Parce qu'aucune structure humaine ne peut fonctionner sans un animateur. Et à l'hôpital, il y a tant d'intérêts contradictoires et de tensions. » Et d'aborder alors la doctrine sarkozyste dans son essence : « On est dans un système où tous peuvent dire non, personne ne peut dire oui. Celui qui a le plus petit pouvoir peut empêcher de faire une petite chose. Mais celui qui a le plus grand pouvoir ne peut pas permettre de faire une petite chose. Le pouvoir de dire non, en fait, existe et le pouvoir de dire oui, non. Parce que chaque pouvoir équilibre l'autre dans un mouvement de paralysie quasi générale. Je préfère de beaucoup qu'il y ait un vrai animateur, un vrai patron animateur et responsable, qui écoute tout ce qu'on lui dit (je pense notamment aux avis indispensables des médecins), qui prend des décisions et qui assume les responsabilités si cela ne va pas. C'est un système clair. » La clarté n'est pas si évidente. Mais si l'on veut bien relire ces phrases à tête reposée, leur signification est, en définitive, limpide.

La capacité de dire non, donnée au sein d'une structure sociale (ici l'hôpital), constitue le pire des dangers : elle empêche l'action. Il faut donc réduire ou éliminer, contrôler en tout cas, ces contre-pouvoirs nuisibles et laisser un chef tout-puissant à qui l'on demande – pour l'instant – simplement d'écouter. D'un côté, le bien : le pouvoir concentré dans les mains d'un seul pour qu'une structure humaine puisse fonctionner et qu'il puisse en décider dans les moindres détails (« faire une petite chose »). De l'autre, le mal : la contestation possible, le pouvoir relatif, et sa conséquence funeste, la paralysie.

On voit bien que cette soif d'autorité absolue n'est pas un fantasme personnel, le désir solitaire d'un homme au faîte de son ambition, arc-bouté sur ses prérogatives. Elle est un projet de société décliné pour n'importe quel métier.

Le 19 janvier 2009, Nicolas Sarkozy se rend à Sourdun en Seine-et-Marne. Il visite le site militaire touché par la réorganisation de l'armée qu'induit sa réforme de la Défense. Elle se traduit par le départ de 900 hommes du deuxième régiment des hussards, une catastrophe économique pour la région. Le président justifie ses projets, tance les oppositions qualifiées de conservatisme : « Ils ont tort. Ce transfert, il se fera... Dès que je veux changer quelque chose, toutes les forces du conservatisme se mobilisent pour

152

l'empêcher. J'étais préparé à ça. » Il lance alors, en guise de philosophie politique : « J'écoute, mais je tiens pas compte. » Voilà ce qui reste de l'idéal de concertation. La mince concession dans cette nouvelle architecture du pouvoir se réduit à cette écoute stérile, à ce trompe-l'œil démocratique.

Une main de fer

Triste modèle d'homme d'Etat que ce modèle de l'ubris que nous donne Nicolas Sarkozy. Un homme d'État-limite. Là encore, l'individu semble au premier plan. Mais ce n'est pas lui qui importe. Dans chacun de ces moments auxquels les Français ont fini par s'habituer, le chef de l'Etat propose un modèle. Ses gestes, son vocabulaire, son attitude deviennent non seulement une possibilité, mais, pour beaucoup, un exemple. Ses colères, son autoritarisme vont migrer dans l'ensemble de la société. Ils vont surtout servir de modèle à ceux qui détiennent une parcelle de l'autorité de l'Etat et qui, dès lors, se sentent légitimes à l'imiter et à abuser de leurs pouvoirs. Se laisser aller à ses penchants, ne rien s'interdire : tout est possible en effet, le zèle et l'excès deviennent la norme.

Le sarkozysme se caractérise par son mépris du personnel d'Etat et la brutalité avec laquelle il le traite. Il y a peut-être chez le président actuel le désir d'en découdre avec ce qu'il considère comme une caste contre laquelle, à titre personnel, lui qui vient du privé, il a dû se battre si souvent. Mais l'idéologie qu'il porte contient cette rudesse. Il s'agit de réduire l'Etat à sa fonction primaire, à ses attributs régaliens élémentaires. La notion de service public et l'ouverture qu'elle requiert sont totalement étrangères au sarkozysme. Il faut peu de fonctionnaires et surtout des fonctionnaires dociles qui obéissent sans rechigner. S'il est un endroit où aucun contre-pouvoir n'est toléré, c'est bien la fonction publique. Nous ne sommes pas loin, dans certaines situations, du despotisme. « Quand un préfet fait mal son travail, il dégage. C'est normal. » On a du mal à croire que cette phrase puisse être prononcée en France, par le président de la République. C'est pourtant ce dont se vantait Nicolas Sarkozy le 25 mai 2009 devant les députés UMP ! Et c'est ce qu'il fait à longueur de temps. L'affaire de Saint-Lô est connue. Début janvier 2009 le président de la République se rend en visite dans la Manche pour présenter ses vœux aux personnels de l'Education nationale, très fier de sa nouvelle formule de « décentralisation » des vœux, dont il veut dépoussiérer le cérémonial. Les oreilles impériales sont froissées par les sifflets de quelque 3 000 manifestants. Quelques jours plus tard, le préfet puis le

154

directeur départemental de la sécurité publique
de la Manche (alors que sa circonscription était
en tête du « palmarès 2008 de l'efficacité de la
police » publié par *Le Figaro*) sont mutés. Colères et caprices sont la règle. Quelques mois plus
tôt, on s'en souvient aussi, c'est un autre policier, contrôleur général, chargé de coordonner
la sécurité intérieure en Corse, qui avait été
limogé après que des indépendantistes corses
avaient envahi pacifiquement la villa de Christian Clavier, ami personnel du président de la
République.

Les dérives d'une police au service du prince

A quoi reconnaît-on un régime autoritaire ? A
la peur que fait régner le pouvoir, à la peur que
ressent le peuple. L'utilisation abusive des pouvoirs de police est la méthode la plus classique
et la plus efficace pour y aboutir. Le sarkozysme
est passé maître en la matière. Comment ne pas
souligner que le président de la République a
fait ses principales armes comme ministre de
l'Intérieur et qu'il a usé et abusé de cette image
de « premier flic de France » ? Comment oublier
que le premier conseiller de l'Elysée, le secrétaire général, Claude Guéant, fut nommé directeur général de la police nationale par Charles
Pasqua en 1994 ?

La police a pris en France une place anor-
male. Sous couvert de culture du résultat – l'un
des dogmes idéologiques du sarkozysme – c'est
tout simplement l'arbitraire qui règne. Pour
tenir sa police, le sarkozysme l'enserre dans des
règles qui l'éloignent de façon inexorable de la
démocratie. Le premier devoir du policier est
de remplir des quotas. L'état des statistiques
locales de la police détermine l'arrestation d'un
citoyen. L'arbitraire vient par les chiffres. La
police nationale est devenue un instrument au
service du prince. La technique est proclamée
ouvertement, depuis longtemps. L'ancien ministre de l'Intérieur convoquait les bons et les mauvais élèves. Il les félicitait ou les tançait, pour
avoir respecté ou trahi les objectifs que lui seul
s'était fixés en matière de baisse de la délinquance ou de reconduite à la frontière. « Je
créai les réunions "3+3" : chaque mois, je rece-
vais les trois préfets dont les résultats étaient les
meilleurs et les trois préfets dont les résultats
étaient les plus mauvais ; les premiers pour les
féliciter, les seconds pour comprendre et les
aider à progresser. » Même si leurs mauvaises
notes ne sont pas toujours en cause, force est de
constater qu'en deux années d'exercice présidentiel, la quasi-totalité des préfets de départe-
ment et de région a changé. Cette culture du
résultat, avec congédiement ou mutation à la
clé, fait régner dans un corps comme celui de la

police une peur permanente qui se répercute en bout de chaîne sur le simple citoyen, qui règle alors l'addition. Car vouloir un « résultat » ne signifie absolument rien en soi. Ou plutôt il signifie que l'on essaie de faire passer un objectif inavoué pour une exigence de pure management. L'objectif est de faire croire que la police est performante en raison du nombre des arrestations, des procès-verbaux, des gardes à vue ou des reconduites à la frontière. Il s'agit de rassurer une partie de l'électorat particulièrement sensible à l'ordre et à la répression en lui faisant croire que la sécurité découle de chiffres. La force de l'Etat doit être exhibée en permanence, fût-ce sur un graphique. On pourrait plaisanter de ces rodomontades, rire de ces images de matamore. Mais dans un corps comme celui de la police, en prise permanente avec la violence et parcouru par quelques courants extrêmement conservateurs, cet exemple venu d'en haut est catastrophique. Il se propage à grande vitesse et se traduit tout en bas de l'échelle par des abus, des violences illégitimes, que renforce un dangereux sentiment d'impunité. Et bientôt, le simple citoyen ne se reconnaît plus dans cette police qui lui fait peur.

On voit ainsi fleurir de multiples directives ou circulaires soumettant à différents échelons territoriaux les services de police et de gendarmerie à des obligations d'arrestation. Ces documents censés rester confidentiels sont tellement nombreux que la presse finit par en avoir connaissance. Les syndicats de police s'en plaignent et le ministère de l'Intérieur n'ose plus démentir, se contentant de trouver de vagues justifications et de parler pudiquement « d'indicateurs d'activité chiffrés ». En avril 2009, le magazine *Auto-Plus* publiait des directives concernant les procès-verbaux à dresser en matière de sécurité routière. A Châlons-en-Champagne par exemple, il était demandé à la brigade motorisée urbaine de « réaliser *a minima* » pour l'année 12 procédures pour défaut d'assurance, 12 pour défaut de permis de conduire, 100 timbres-amendes pour usage d'un téléphone portable au volant et 66 pour non-port de la ceinture de sécurité.

Ces pratiques s'étaient déjà développées sous le ministère de Nicolas Sarkozy à l'Intérieur. J'avais, dans un précédent ouvrage, cité les consignes de la CRS 17 de Bergerac de janvier 2007. En déplacement à Toulouse pour lutter contre la délinquance urbaine, elle s'était vu assigner pour objectif de « se maintenir au-dessus de la moyenne de 5,08 mises à disposition quotidiennes avec une part routière inférieure à 40 % », à savoir 5 gardes à vue chaque jour dont 40 % maximum d'infractions à la circulation routière. 40 %, pas plus ! Ou encore, toujours début 2007, à Tours, ce directeur départemental qui exigeait de ses policiers pour l'année en cours 1 441 faits constatés par mois, dont 675 faits de voie publique et 150 de violences ; ou ce commissaire, chef du service de sécurité de proximité, qui demandait à sa brigade anticriminalité de jour 20-22 arrestations par mois.

Les pratiques policières sont la traduction immédiate de l'idéologie dominante. Les policiers le disent eux-mêmes mieux que quiconque : « On ne nous demande plus d'avoir un comportement de policier, mais un comportement de commerciaux, à savoir que l'on nous demande d'interpeller tout et n'importe quoi. » Si les policiers, à la base, comprennent très bien à quelle logique de type privé ils sont soumis, les autorités, elles, ne disent rien d'autre. C'est le porte-parole du ministère de l'Intérieur lui-même qui justifie ainsi une politique des quotas : « La détermination de ces objectifs correspond à un acte de management, dans le secteur public comme dans le secteur privé. » Non seulement le vocabulaire émigre du privé vers le public mais la philosophie même du privé remplace celle du service public.

Les excès inévitables et programmés

Les excès de la police ne sont pas nouveaux. Ils sont loin d'être généralisés et comme le souligne même Amnesty International, « la majorité des agents s'acquittent de leurs fonctions de manière professionnelle et dans le respect de la loi ». Certaines violences, très peu d'ailleurs, sont sanctionnées. Dans la police nationale, selon l'IGPN, en 2005, 96 sanctions disciplinaires ont été prononcées dont 16 radiations ; en 2006, 114 dont 8.

Ce qui est nouveau, c'est la hargne dont le pouvoir fait preuve, au plus haut niveau : le langage très cru et violent qui revient à chaque occasion. Quand Nicolas Sarkozy utilise les termes de racaille, de Kärcher, de voyous, il crée le désordre. Il fomente non seulement du côté des citoyens, mais aussi des agents de l'Etat, une violence illégitime qu'il serait ensuite bien malvenu de condamner chez les seconds, à supposer qu'il en ait envie. Que peut penser un gardien de la paix qui voit le chef de l'Etat utiliser ces termes orduriers indignes de sa fonction, si ce n'est : « Je n'ai aucune retenue à avoir vis-à-vis de ces gens, je peux, moi aussi, les injurier, les mépriser, les secouer, ce n'est pas mon patron qui me le reprochera » ?

C'est ainsi que s'expliquent les nombreuses illégalités relevées par les associations défendant les droits de l'homme, comme Amnesty International, mais surtout par les organismes officiels comme la CNDS (Commission nationale de déontologie de la sécurité, autorité administrative indépendante) ou les organes internatio-

160

naux spécialisés, le commissaire européen aux droits de l'homme dans son rapport en février 2006, le Comité contre la torture de l'ONU, créé par la Convention internationale du 10 décembre 1984, dans son dernier rapport sur la France en avril 2006... Impossible de tous les citer.

Amnesty International dans son rapport d'avril 2009 répète les conclusions qu'elle avait déjà tirées dans un précédent rapport de 2005 selon lesquelles « les agents de la force publique bénéficient couramment en France d'une impunité de fait ». Les méthodes utilisées pour enquêter sur les abus ou les infractions parfois extrêmement graves « ne sont toujours pas à la hauteur des normes du droit international » qui exigent des enquêtes impartiales menées avec diligence. Amnesty International constate par ailleurs un phénomène de plus en plus fréquemment évoqué : les personnes qui tentent d'intervenir lorsqu'elles sont témoins de mauvais traitements et qui se voient poursuivies pour outrage ou rébellion. Elle constate aussi que de très nombreuses victimes préfèrent encore ne pas déposer plainte devant la lenteur et l'inefficacité patente des organes d'enquête, de poursuite ou de jugement.

La CNDS depuis sa création en 2000 n'a cessé de dénoncer des abus de tous genres. Le dernier rapport pour l'année 2008 est encore

plus accablant que les autres. Violences illégitimes au cours des interpellations qui se transforment en outrage à agent de la force publique,
en rébellion, ou en incitations à l'émeute...
comportements indignes (tutoiement, paroles
vexantes), menottages, fouilles à nu, placements
en garde à vue abusifs...

Le plus consternant est que le gouvernement
se moque ouvertement des avis de cette commission. La CNDS est alors obligée de publier ses
rapports au Journal officiel pour alerter l'opinion publique comme la loi lui en donne le
droit. Ainsi paraissait, en janvier 2009, l'avis
concernant des violences qui avaient été constatées par un député. M. Bapt, élu de Haute-
Garonne, lui-même témoin d'une interpellation
d'une grande violence effectuée par deux policiers
de la police de l'air et des frontières, en mars 2006,
dans l'aéroport de Blagnac. Les deux policiers
avaient donné des coups de pied à l'abdomen à un
homme immobile, à terre, entravé dans le dos,
n'opposant aucune résistance. La victime criait
fortement, un attroupement s'était formé. Le
député avait écrit au procureur. Il lui avait été
répondu que le ressortissant turc arrêté avait
été depuis lors condamné en comparution
immédiate pour refus de se soumettre à une
mesure d'éloignement et rébellion : deux mois
d'emprisonnement, deux d'interdiction du territoire et 300 euros de dommages-intérêts pour

les deux policiers. Ces derniers, refusant d'être entendus par la CNDS, déposaient plainte pour dénonciation calomnieuse contre le député. Le procureur de la République proposait un classement sans suite contre une lettre d'excuse du député et le versement d'une somme d'argent à chacun des fonctionnaires de police. M. Bapt, après concertation avec son conseil, acceptait. La CNDS s'appuyait entre autres sur les certificats médicaux établis et le témoignage d'un tiers pour estimer qu'il y avait eu violences gratuites, renouvelées et déconnectées de toute situation de rébellion. Elle transmettait le dossier au ministère de l'Intérieur pour poursuite disciplinaire en octobre 2007 et également au ministre de la Justice. N'obtenant que des réponses dilatoires ou des fins de non-recevoir elle faisait publier son avis au Journal officiel du 18 janvier 2009, en déplorant la situation et l'impunité des policiers.

Ces abus font hélas partie de la règle du jeu. Qu'une « police d'interpellation » que ce pouvoir veut développer se traduise par une pluie d'interpellations paraît assez logique. Mais il ne faut pas s'étonner des débordements qui en découlent de façon quasi mathématique. Les médias ont fini par faire état de l'augmentation scandaleuse du nombre de gardes à vue et l'opinion publique s'en émeut désormais. La progression ressort du tableau suivant.

Tableau de la progression des gardes à vue (1999/2008)

Année	Total GAV	Augmentation
1999	426 851	
2000	364 535	− 62 316
2001	336 718	− 27 817
2002	381 342	+ 44 624
2003	426 671	+ 45 329
2004	472 064	+ 45 393
2005	498 555	+ 26 491
2006	530 994	+ 32 439
2007	562 083	+ 31 089
2008	577 816	+ 15 733

Ce sont des chiffres extrêmement inquiétants dans une démocratie, surtout lorsque le gouvernement essaie de nous faire croire que la délinquance baisse. De 2001 à 2008, nous sommes passés de 336 718 à 577 816 : + 241 098 soit sur ces sept dernières années une augmentation d'environ 34 500/an. Et encore ces chiffres sont-ils tronqués dans la mesure où – très étonnamment – ne sont pas prises en compte les gardes à vue ordonnées en matière d'infractions à la circulation routière qui se montent pour le moins à 100 000 par an. Pour bien comprendre le sens de cette évolution, il faut visiter le site du ministère de l'Intérieur. Cette progression des gardes à vue est considérée comme un progrès à l'égal de l'augmentation du nombre d'infractions révélées par l'action des services et du taux d'élucidation. Pousser sans relâche la police à faire plus de gardes à vue, c'est nécessairement prendre la responsabilité de gardes à vue injustifiées et abusives, c'est organiser et programmer un régime autoritaire.

Comment se fait-il que le pouvoir, aujourd'hui, reste sourd à ces signaux d'alarme qui partout s'allument ? Comment expliquer cette inaction ? A qui fera-t-on croire qu'il s'agit d'une négligence, alors, surtout, que ce pouvoir se targue de sa réactivité et de son pragmatisme exemplaire ? Devant une telle passivité, quand les données sont connues de tous, il n'y a d'autre analyse que celle d'une volonté du pouvoir actuel de laisser effectivement impunis ces excès, ces abus, ces violences. Impunité qui s'explique par le rôle que l'on entend faire jouer à la police en France. Une police au service du pouvoir qui permette à la fois de protéger un régime autoritaire et d'entretenir ce climat de peur qui est un de ses principaux ressorts idéologiques.

Les risques de ce choix délibéré sont multiples : éloigner de plus en plus la population de la police à un moment où leur proximité serait indispensable, habituer les citoyens à l'arbitraire, susciter dans certains secteurs de la population

un sentiment de révolte extrêmement dangereux, faire oublier chaque jour davantage à la
police ses règles de déontologie.

La police protège le pouvoir
de la colère du peuple

Si cette peur s'installe partout c'est que le
pouvoir lui-même a peur. Face à un mécontem-
tement populaire qui s'exprime de façon de
plus en plus claire, ce régime craint le peuple. Il
s'est peu à peu bunkerisé. Nicolas Sarkozy qui se
voulait si près des « gens », des « braves gens »,
parlant, pensant comme eux, a été victime de
son propre populisme. Quand le dirigeant n'a,
en réalité, aucun lien avec les classes populaires,
le divorce peut s'installer rapidement. A la flatterie du peuple répond son agacement. Au mépris
le mépris. Les sondages s'installent de façon
durable au plus bas. Les manifestations prennent de l'ampleur. Certaines oppositions se radi-
calisent sans pour autant verser dans la violence.
L'exaspération face aux promesses non tenues
est à son comble. Les chômeurs d'aujourd'hui
et de demain grondent. Les dirigeants devraient
se terrer, mais ils ne peuvent se taire. Si, en
matière de train de vie, il leur est toujours possible de passer de l'ostentation à la modestie, face
au peuple ils ne sauraient renoncer aux bains de

foule pour un repli frileux sur l'Elysée. D'autant que le sarkozysme, on le sait, repose sur une volonté d'occupation et d'exhibition permanentes. C'est alors que la police va jouer un rôle politique majeur : en tenant le peuple à l'écart du prince qui, à chaque fois, se composera, comme au théâtre, un entourage de circonstance, trié sur le volet.

Chaque déplacement se fait au prix d'un déploiement de force extraordinaire. Le dispositif policier systématiquement mis en place est de plus en plus impressionnant. Qu'il s'agisse d'une grande ville ou d'un petit village, c'est, à chaque fois, toute une organisation coûteuse et sophistiquée pour qu'on ne puisse voir que le roi est nu. Ses ministres se retrouvent peu à peu, eux aussi, dans une situation similaire. La police ne sert plus qu'à protéger le prince.

Le 27 janvier 2009, le président de la République fait un déplacement éclair à Châteauroux pour visiter une usine d'électronique et présider une table ronde sur l'emploi. La police occupe une ville morte dont elle bloque la moitié. Le 3 mars, déplacement à Daumeray dans le Maine-et-Loire, pour un discours sur la politique agricole commune et la visite d'une exploitation, 1 265 gendarmes sont déployés : quatre escadrons de gendarmerie mobile, venus de Pontivy, du Havre, de Vannes, de Châteauroux ; les hommes du Raid, du GIPN, du GSPR (Groupe

de sécurité du président de la République). Le
village, il faut le dire, compte 1 600 habitants...
Les paysans sont restés calmes. Aucune manifestation, aucun incident. Le 17 mars, le président
se rend à Ornans en Franche-Comté pour promouvoir son plan de relance. La ville n'est pas
bien grande, pourtant vingt barrages sont installés sur les routes alentour. Cinq cents militaires
sont mobilisés. Or, curieusement, sur ces barrages on trouve aussi des militants UMP et du GP
(Groupe de protection du parti) qui participent
aux contrôles d'identité. *L'Est Républicain* titre le
lendemain sur « le bain de foule ». Le 26 mars,
Nicolas Sarkozy se rend à Saint-Quentin pour un
meeting quasi électoral chez son ami Xavier Bertrand. Plus d'un millier de CRS sont mobilisés
pour bloquer le centre-ville et empêcher que
tout autre que les invités, triés sur le volet,
n'accède à la grand-messe. Le 31 mars, Nicolas
Sarkozy se rend à Châtellerault pour présider,
dans le parc des expositions, une table ronde
sur le thème des « mesures prises par le gouvernement pour faire face à la crise ». Les partici-
pants sont, comme d'habitude, soigneusement
sélectionnés. 800 à 900 membres des forces de
l'ordre cernent le site alors que près de
5 000 personnes manifestent, au loin : étudiants,
ouvriers, militants.

Des manifestants en puissance sont souvent
arrêtés illégalement le temps de la visite prési-

dentielle. On saisit les tracts, les journaux, les banderoles et les pancartes, les personnes qui refusent de les remettre sont arrêtées, menottées et emmenées au commissariat. Pire ! Les cars qui véhiculent des manifestants sont de plus en plus souvent immobilisés arbitrairement avant d'arriver à bon port. Sous prétexte de contrôle d'identité ou autre, la police les retient, le temps du meeting ou de la visite.

Du trouble personnel à la dérive étatique : la violence exhibée et revendiquée de Nicolas Sarkozy

Si le mot « autoritarisme » vient de façon assez naturelle et rapide à l'esprit à propos du régime actuel, c'est qu'il s'applique à merveille à la personne du président de la République. Les Français ont peur de Nicolas Sarkozy : selon un sondage IFOP/M6 du 25 février 2007, il inquiète 53 % des Français et 86 % le trouvent autoritaire. Mais, pour autant, ce qualificatif peut-il s'appliquer au régime lui-même ? La concentration progressive des pouvoirs dans les mains du chef de l'Etat sous la Ve République nous avait peu à peu habitués à des sautes d'humeur au plus haut niveau. Mais jamais il n'avait été constaté une telle violence, avec autant d'impudeur et à un rythme si soutenu. Il est inutile et impossible – compte tenu de leur nombre – de recenser tous les incidents que les proches, eux, connaissent mieux que quiconque. Certains échappent au président et sont filmés ou rapportés contre son gré. Le plus célèbre est cette injure grossière prononcée en 2008 au Salon de l'agriculture à l'encontre d'un homme qui refusait de lui serrer la main. Ce « casse-toi, pauv' con ! » est devenu un grand classique. Il permet de mesurer le mépris prodigieux que porte le président au citoyen ordinaire mais aussi le degré et l'intensité de la violence qui l'habite, et qu'il diffuse autour de lui.

Plus intéressante d'un point de vue politique, est la violence intentionnellement mise en scène. Elle n'étonne même plus. Elle fait désormais partie du paysage politique ordinaire. Chacun sait que le président a l'injure facile. Chacun sait que n'importe lequel de ses collaborateurs peut se faire traiter de tous les noms. Il règne, aux plus hautes marches de l'Etat, un climat de peur ordinaire que beaucoup essaient de nier mais qui s'étend inexorablement. Rachida Dati, qui croyait bien faire en imitant en tout son maître, instaurait ainsi une véritable terreur dans son ministère qui fit fuir un à un tous ses collaborateurs.

Le chef de l'Etat fait trembler. Il attend de tous ceux qui sont sous ses ordres une soumission absolue. D'où ces humiliations publiques infligées à ses ministres ou ses collaborateurs et

170

dont il s'assure qu'elles sont rapportées avec soin à la presse. Une journaliste de CBS ose interroger le président sur ses relations avec son épouse, Nicolas Sarkozy quitte la salle d'interview lançant à David Martinon, alors porte-parole de l'Elysée, « quel imbécile ! ». Des ministres osent dire trop fort leurs espérances de portefeuille pour un prochain remaniement, lui qui, à leur place, avait toujours clamé haut et fort ses ambitions les traite publiquement de « ridicules ». Il charge même le porte-parole du gouvernement (du président en fait) de lire ce communiqué au sortir du Conseil des ministres : Nicolas Sarkozy a jugé « ridicules et décalés aux yeux des Français… les positionnements ou les états d'âme » de certains ministres.

Toutes ces mauvaises habitudes du haut en bas de l'appareil d'Etat ne s'effaceront pas d'un coup. L'image désastreuse donnée par Nicolas Sarkozy lui survivra longtemps. Car cet autoritarisme rejoint une représentation archaïque et despotique de la figure d'autorité que le sarkozysme essaie de développer dans tous les domaines. Sa déclinaison immédiate dans le comportement de la police est tout aussi lourde pour l'avenir. Quels que soient les efforts de formation qui pourront être entrepris, il faudra très longtemps pour ramener la police à un rôle politique normal et à une stricte déontologie démocratique.

LE PANOPTIQUE SARKOZYSTE : DÉTECTIONS, SURVEILLANCES ET FICHAGE

Un choix purement idéologique

La manifestation la plus révélatrice du sarko-zysme est cette surveillance permanente des citoyens qu'il a toujours eu pour ambition de développer et qu'il installe progressivement et peut-être de façon irréversible en France. Dans *Surveiller et Punir*, Michel Foucault décrivait avec minutie le système panoptique mis au point par Jeremy Bentham dans son ouvrage publié en 1791 (*Le Panoptique*). Une merveilleuse architec-ture carcérale permettant d'observer tous les déte-nus, quoi qu'il se passe, à chaque instant. Michel Foucault en faisait le modèle d'une société disci-plinaire fondée sur une surveillance en abyme puisque les gardiens, eux aussi, devaient ainsi être surveillés. Au début du XXIᵉ siècle, l'idée du panoptique continue de migrer de l'architec-ture vers la surveillance sociale et répressive par la mise en place de multiples dispositifs : préten-dus systèmes de détection précoce de la crimina-lité, fichiers de toute sorte, vidéo-surveillance et bien d'autres mécanismes relevant d'une haute technologie.

Ce nouveau panoptique-là est à la base du sarkozysme. Le champ change mais les ressorts restent identiques. La peur en premier lieu, celle du moindre désordre. La volonté de maîtriser complètement cette peur, et en définitive de la nier, non par la recherche de ses causes mais par l'accroissement d'un pouvoir illusoire. Comme si le regard avait cette vertu magique d'empêcher le mal de survenir et de se répandre. Tout est dans l'œil qui observe, qui doit pouvoir fouiner dans tous les recoins, sans angle mort. Le danger peut être partout. Il est insupportable de ne pas savoir, de ne pas prévoir d'où il pourrait surgir. Toute l'énergie va passer dans des stratégies d'observation, de surveillance, mais aussi et surtout de mémorisation. Le fantasme de la vidéo-surveillance est particulièrement frappant. Si dans un quartier des violences surgissent, comment les traiter ? Faut-il se pencher sur les raisons de ces violences, se donner le temps de s'interroger sur ce qu'elles signifient ? Sur ceux qui les commettent . leur vie, leur entourage, leur famille, leur emploi, la cité dans laquelle ils habitent… ? Le sarkozysme exècre ce type de questionnement qu'il taxe systématiquement de laxisme soixante-huitard, de manifestation d'un déclin relativiste et de début de la barbarie. Alors qu'il s'agit de la seule voie possible. Faute de chercher il va pister, faute de comprendre il va ficher.

Le potentiel de dangerosité de chaque individu étant sans limites, la passion de la statistique et du fichage n'a pas davantage de barrière. L'Etat-limite c'est donc aussi cet accroissement sans fin des fichiers, cette explosion folle de populations encartées qui ne trouvera pas de terme et conduira à un perfectionnement toujours plus grand des méthodes de surveillance.

Partant de ce principe de précaution, que le président actuel veut étendre bien au-delà de la sphère environnementale, le sarkozysme va utiliser toutes les ressources de l'appareil d'Etat. Cette phobie du désordre et du risque se traduit par une méfiance généralisée à l'égard de chaque citoyen. Ce n'est pas seulement la peur qui conduit au fichage mais la croyance en un destin qu'on ne peut modifier, parce qu'il est génétique ou trop profondément scellé au cœur de l'individu. L'Etat ne peut se permettre d'oublier. Ce faisant, il commettrait une faute. Il faillirait à sa tâche première qui est de protéger les futures victimes. La mémoire de l'Etat doit être infaillible. Sa capacité de stockage illimité. C'est pourquoi les lois d'amnistie ont disparu, que les casiers judiciaires n'ont plus trop d'importance, remplacés par les fichiers de police tels que le STIC. Il faut se souvenir de tout. Garder la trace de tout. La plus petite peccadille signifie que demain peut-être... Toutes les possibilités de conservation et de croisement des informations, toutes les nouvelles technologies vont pouvoir être mises au service de la peur. Etape par étape, profitant de la moindre occasion, de chaque fait divers, l'Etat se verra doté de moyens de surveillance maximaux et de fichiers sans cesse plus étendus.

Dans un monde où le bien et le mal partagent si facilement l'humanité, il s'agit de repérer au mieux et au plus vite le déviant. Chaque individu doit donc pouvoir être vu et contrôlé dans ses faits et gestes : dans ses déplacements et ses activités au sein de la cité comme dans son monde intérieur, dans son intimité. Dans la cité, la surveillance s'exercera par le développement maximal de la vidéo-surveillance et d'une police de contrôle et d'interpellation omniprésente. Dans son intimité, il s'agira de détecter au plus tôt, dès la petite enfance, dès la maternelle, les anomalies de comportement et de créer des dispositifs de surveillance et de mise en observation. Après le repérage, il faut conserver la trace de tous ces contrôles, de tous ces écarts de norme inquiétants. Des millions de citoyens sont mis en carte. Une mémoire colossale, un œil perçant qui regarde toujours chacun de nous de la naissance à la mort.

Le fichage, une vieille passion
aux utilisations funestes

Toutes les sociétés ont conçu des systèmes de repérage et de stigmatisation. Un des plus aisés est de parquer les individus dangereux dans des camps, de les regrouper dans des lieux de surveillance. Mais l'enfermement a ses limites. Les vêtements particuliers, les signes distinctifs ont existé à toutes les époques. L'esclave était marqué au fer rouge. Une marque particulière était même réservée aux récalcitrants, la fleur de lys, que le code noir français de 1695 prévoyait pour les esclaves noirs fugitifs. Les délinquants, il y a deux siècles, étaient punis d'un marquage sur l'épaule droite : différent selon les infractions reprochées. T pour les travaux forcés à temps, TP pour les travaux à perpétuité et F pour les faussaires. L'article 20 du code pénal de 1810 prévoyait même que l'application du fer se faisait en public lors d'une cérémonie dite de la flétrissure.

Les fichiers de police existent également depuis longtemps. Les premiers « sommiers » de police étaient des instruments d'une lourdeur maximale et d'une efficacité minimale. L'utilisation des fichiers en France a toujours donné lieu à des abus. L'affaire des fiches au début du XXᵉ siècle a été un peu oubliée. Elle avait vu le ministre de la Guerre contraint de démissionner après avoir fait ficher 25 000 officiers, en fonction de leur degré de conviction républicaine.

L'invention de la fiche cartonnée fut un réel progrès mais ne modifia pas de façon substantielle l'économie du fichage. L'extension du système du fichage au XXᵉ siècle a de sombres

références. Les machines inventées par Holle-
rith (ingénieur américain qui imagina l'utilisation des cartes perforées dans le but d'améliorer
le traitement statistique des recensements de
population) sont à l'origine du système qui faci-
lita le repérage puis l'arrestation des populations
juives en Allemagne (*IBM et l'holocauste*, Edwin
Black, 2001). D'une technologie moins avancée,
le fichier mis au point par l'inspecteur de police
français, André Tulard, recensait, sous Vichy, les
juifs de la région parisienne. Il faisait suite à la
loi du 3 octobre 1940 promulguant le premier
statut des juifs qui leur faisait entre autres obli-
gation de se faire recenser. Le fichier « Tulard »
fut transmis à la Gestapo qui put ainsi plus facilement procéder à la rafle du Vel' d'Hiv' en
juillet 1942. On oublie aussi trop souvent que le
numéro de Sécurité sociale dont l'ancêtre fut
mis au point à la même époque devait compor-
ter un chiffre permettant de distinguer les populations juives.

L'histoire plus récente du fichage se confond
avec celle des pays totalitaires. L'Allemagne de
l'Est par exemple avait mis sur pied un système
colossal. Près de quatre millions de personnes
étaient fichées par la Stasi dont l'exploitation
des archives, aujourd'hui, ravive de douloureux
souvenirs. La mémoire a beau cesser l'enregistrement du présent, elle ne parvient pas à effa-
cer le passé.

Le sarkozysme sans Sarkozy

La légitimité des systèmes de fichiers aujourd'hui

Cette histoire des fichiers est malheureusement oubliée aujourd'hui. Le fichage est désormais entré dans la logique du fonctionnement
courant de l'Etat. Le droit s'en est emparé avec
beaucoup de réticence et de maladresse mais le
sujet est devenu une question banale, disputée,
disséquée comme n'importe quelle autre. Le
champ du questionnement s'est d'ailleurs largement étendu car les fichiers privés, utilisés par
les grandes sociétés commerciales, posent tout
autant de questions que les fichiers publics. La
loi a progressivement encadré des pratiques qui
étaient au départ clandestines. L'utilisation de
l'informatique a totalement modifié les données
du problème, car elle permet d'augmenter de
façon considérable le nombre d'informations
stockées, de réunir sur un même sujet des informations émanant des services les plus divers et
de les exploiter en un temps minimal. Il est ainsi
donné au gouvernement et à la police un pouvoir terrifiant, susceptible, en très peu de temps,
de ruiner les libertés s'il n'est strictement contrôlé
et limité. En France, c'est en 1974 qu'une prise
de conscience se fit jour à propos d'un projet dit
Safari (pour « système automatisé pour les
fichiers administratifs et le répertoire des individus »). Il s'agissait de créer un identifiant uni

que (à partir du numéro de Sécurité sociale) permettant d'interconnecter des fichiers publics dont ceux de la police. Après l'émotion soulevée par ce projet et à la suite de son abandon, fut votée une loi appelée couramment « informatique et libertés ». Cette loi du 6 janvier 1978 (modifiée en 2004 pour tenir compte des nouvelles normes internationales) a créé entre autres une autorité de contrôle, la CNIL (Commission nationale de l'informatique et des libertés). Au-delà des détails techniques, c'est le principe posé dès son premier article par cette loi qui importe : il prévoit que l'informatique « ne doit porter atteinte ni à l'identité humaine, ni aux droits de l'homme, ni à la vie privée, ni aux libertés individuelles ou publiques ». Façon de dire que tous ces risques sont toujours présents et doivent être combattus en permanence. Ce que tente de faire oublier le sarkozysme.

La pathologie du fichage

L'une des dérives les plus graves du sarkozysme est non seulement la prolifération des fichiers mais la diffusion de cette croyance que créer un fichier est une solution miracle, comme si le fait d'avoir identifié une personne dangereuse, de l'avoir cataloguée, de l'avoir repérée était le gage d'une quelconque sécurité. On ne peut qu'être frappé par ce réflexe quasi pavlo-vien. Dès qu'un problème de criminalité surgit – ou prend trop de place dans l'actualité – le pré-sident de la République ou ses collaborateurs proposent de nouveaux fichiers qui poussent dès lors comme des champignons après une pluie de faits divers.

Dans les nuits des 19 et 20 juin 2008, des inci-dents assez graves survenaient dans le VIIe arron-dissement, sur le Champ-de-Mars. Plusieurs dizaines de jeunes étaient venus perturber des monômes lycéens de fin de bac et s'étaient ensuite violemment heurtés à la police. Rachida Dati, ministre, et par ailleurs maire de l'arron-dissement, proposait aussitôt, au milieu d'une série de mesures inutiles (l'installation de camé-ras de vidéo-surveillance, l'interdiction de la vente d'alcool aux alentours de la tour Eiffel), la création d'un fichier spécialement dédié aux bandes organisées. Peu importe sa faisabilité, peu importe si la police disposait déjà d'outils suffisants, peu importe son intérêt. Il s'agissait de faire monter la tension, d'accroître la peur : « Les habitants, disait-elle, ont peur quand ils voient des hordes venir se battre dans leur quar-tier. » Créer un fichier était l'acte politique adé-quat, la vraie réponse, la solution vendue comme un « scoop »… « Je vous l'annonce, le préfet de police va créer un fichier sur les bandes organi-sées. Ça, c'est une nouveauté ! Personne n'avait osé prendre ce problème à bras le corps jusqu'ici. L'idée est d'identifier ces bandes, d'anticiper leurs mouvements, de savoir comment elles agissent » (Rachida Dati, *Le JDD*, 29 juin 2008). Plus personne n'a entendu parler de ce fichier, ni au ministère de l'Intérieur, ni à la Justice mais l'essentiel était là : le fichier fait désormais partie de l'argumentaire électoral ou politique ordinaire.

Quand, en novembre 2008, à Grenoble, un étudiant était poignardé par une personne hospitalisée souffrant de schizophrénie, parmi les mesures proposées en urgence par Nicolas Sarkozy figurait la création d'un fichier : « Le fichier national des hospitalisations d'office ». Un degré supplémentaire était franchi. Le fichage ne concernait plus les délinquants – ou délinquants potentiels – mais les malades ! Quel rapport entre le fait divers-prétexte et le fichier ? En quoi l'existence de ce fichier aurait-elle permis d'éviter le drame ? Aucune réponse et pour cause. Lors d'un discours prononcé quelques jours plus tard, le président de la République expliquait que le gouvernement voulait veiller à ce que « les informations administratives sur les hospitalisations d'office soient partagées entre tous les départements avec un secret médical respecté de la façon la plus stricte ». L'ambition est plus que paradoxale. Et la justification est toujours aussi dénuée de sens.

Comment ne pas constater que le sarkozysme a une funeste passion du fichage : passion au sens propre du terme ? Il ne peut s'en empêcher. Il n'y a aucune logique d'aucune sorte derrière chacune de ces propositions. Nous sommes dans l'idéologie pure. Une réaction dictée par la peur mais figée aussi dans la peur : un dogme irraisonné. Cette attitude irresponsable et démagogique contribue à répandre l'idée, totalement contraire à la législation, que ficher est un acte banal, et, surtout, que c'est un acte efficace voire d'une infaillible efficacité. Comme le soulignait très pertinemment Alex Türk, le président de la CNIL, déjà en 2007 (*Le Monde*, 4 juillet 2007) : « Il y a vingt ans, quand on ne savait pas régler un problème, on créait une commission ; aujourd'hui on crée un fichier. Ce n'est pas forcément une réponse. Et cela devient gênant car la population s'y habitue. Il y a une sorte d'endormissement. »

L'épidémie et son pic provisoire, Edvige

En avril 2009, deux parlementaires, l'une de gauche (Delphine Batho), l'autre de droite (Jacques Alain Bénisti), déposaient un rapport très fouillé révélant qu'un quart des fichiers de police n'avait aucune existence légale. A l'évidence, la police se place au-dessus des lois. Les autorités de contrôle n'ont pas les moyens de procéder aux vérifications nécessaires et le gouvernement laisse faire. Ces parlementaires recensent 45 fichiers en 2008, une douzaine étant en cours de préparation, alors qu'en 2006, une mission présidée par M. Alain Bauer n'en trouvait que 36. Difficile de ne pas conclure que la pathologie du fichage conduit, bien plus qu'à une prolifération, à une véritable épidémie. Ainsi « Octopus » créé en 2008 pour lutter contre les tagueurs ou « Lupin » pour combattre les cambrioleurs, ou encore un fichier des gitans...

L'affaire du fichier Edvige (« Exploitation documentaire et valorisation de l'information générale »), déjà évoquée en introduction, a constitué en 2008, le pic, hélas provisoire, de l'épidémie. Le recul tactique du pouvoir ne doit surtout pas faire oublier ses intentions premières. Sa volonté était de faire croire à une simple opération technique. Une banale mise à jour d'une réglementation de police administrative. Sans l'insistance de la CNIL, le décret créant le fichier Edvige n'aurait d'ailleurs même pas été publié au Journal officiel, fin juin 2008. Il était porté sur les fonts baptismaux du nouveau service de renseignement unifié, le DCRI (Direction centrale du renseignement intérieur) qui fusionnait les activités des Renseignements généraux et de la Direction de la surveillance du territoire. Ce fichier impliquait que la police et le gouvernement pouvaient fouiller sans vergogne dans la vie de tous les citoyens un tant soit peu actifs. Le texte évoquait les personnes jouant un rôle « significatif » sur le plan institutionnel, économique, social ou religieux, ce qui permet d'y inclure à peu près n'importe qui.

Dès lors qu'un citoyen existait, qu'il n'était plus un électeur passif mais s'engageait quelque peu, ou exerçait une fonction pouvant intéresser le pouvoir, il devait pouvoir être contrôlé, surveillé, mémorisé... dans presque tous les compartiments de sa vie. Etre délégué syndical, élu politique, rabbin, prêtre, aumônier, patron d'entreprise... donnait droit à la curiosité policière. Que pense ce syndicaliste ? Quelles sont les penchants politiques de ce pasteur ? Ce chef d'entreprise est-il en bonne santé ? Quels sont les amis ou les relations de ce maire ? Quelle est la vie sexuelle de ce magistrat ? Voici ce qu'autoriserait ce texte. S'y ajoutait la possibilité de ficher, dès 13 ans, les mineurs susceptibles de porter atteinte à l'ordre public, ce qui permettait de s'intéresser à tout mineur ayant un jour attiré l'attention de la police, même sans commettre la moindre infraction, et l'on sait que la curiosité policière pour les enfants est aujourd'hui sans bornes. Pouvait avoir accès à ces renseignements n'importe quel gendarme ou policier. Les critiques ont fusé de tous côtés y compris au sein même du gouvernement. Le commissaire euro-

péen chargé de la justice et des libertés, Jacques
Barrot, s'en est ému et jusqu'au Comité des
droits de l'homme de l'ONU.

Il est aberrant, dans une démocratie, que la
police ou le gouvernement aient le droit
d'enquêter sur des citoyens qui n'ont pas commis la moindre infraction au simple prétexte
que leur activité pourrait intéresser le pouvoir.
On comprend qu'une dictature, où la menace
de la contestation et de la résistance est cons-
tante, où l'obsession de la subversion est permanente, veuille se protéger en repérant tous ceux
qui peuvent y participer de près ou de loin.
Tous les moyens de la surveillance seront bons
pour déjouer les velléités d'opposition. Une
police préventive puissante est indispensable qui
permette de stopper dans l'œuf tout mouvement de contestation. Cette police doit disposer
de toutes les informations possibles sur l'ensemble des citoyens qui sont par définition des suspects. Les surveillances physiques, les filatures,
les écoutes téléphoniques, les interceptions de
communications en tout genre, les enquêtes
classiques sont donc les instruments privilégiés
de la dictature. Cette masse de connaissances
doit être conservée, triée, classée. Dans un régime
totalitaire, le fichage des « personnalités » a cette
fonction de mémorisation : le citoyen n'y sait
rien de l'Etat et l'Etat sait tout de lui. Mais dans
une démocratie, le citoyen devrait savoir le

maximum de l'Etat et l'Etat le minimum du citoyen.

Le fichier Edvige aurait bien tenu sa place dans la France de Vichy. Il aurait fait merveille. Qu'un tel instrument ait pu être conçu aujourd'hui en France et surtout qu'il ait failli entrer en vigueur dans l'indifférence générale comme une simple amélioration technique, en dit long sur l'état de nos libertés et l'origine du sarkozysme.

Les principaux symptômes

Que des fichiers puissent exister dans une démocratie, personne ne le conteste. Qu'ils aient une vraie utilité pour la police, c'est évident. Mais dans le système hypertrophié actuel, cette fonction élémentaire du fichage est mise en danger. Les dérives constatées unanimement nuisent à l'efficacité même des instruments que le pouvoir souhaite mettre en place. Les risques les plus sérieux sont les suivants.

L'asphyxie. Le premier danger qui guette un fichier est l'asphyxie. Son gigantisme le rend ingérable. L'instrument légitime de recherche criminelle qu'il devait être, devient une hydre tentaculaire victime de la démagogie de ses promoteurs. Ainsi pour le fichier FNAEG qui s'agrandit à vue d'œil. Si son démarrage a été extrêmement lent, il a connu à partir de 2003 une extension phénoménale. De 2003 à 2006, le nombre de profils enregistrés était passé de 2 807 à 330 000. Aujourd'hui, il recense environ un million d'empreintes de condamnés, mais surtout de simples suspects, auxquelles s'ajoutent les traces non identifiées prélevées sur des scènes de crime. Chaque mois s'ajoutent 30 000 empreintes supplémentaires. Si ce fichier présente une utilité indéniable (plus de 17 000 affaires résolues d'après la police), les premiers bugs importants sont apparus. Le plus connu est celui de l'affaire de Bruno Cholet, en avril 2008. Le 26 avril cet homme avait été mis en examen par un juge d'instruction parisien pour enlèvement et séquestration suivi de la mort de la victime, vol de deux cartes bancaires, escroquerie, le tout en état de récidive. Une jeune étudiante suédoise avait été retrouvée morte le 19 avril 2008 en forêt de Chantilly. Les conditions de sa mort d'après les premiers éléments de l'enquête rendus publics étaient atroces. On s'était alors aperçu que Cholet ne figurait pas dans le FNAEG. Son empreinte avait pourtant été prélevée en 2005, à l'occasion d'une affaire qualifiée de vol à main armée. D'après les premiers éléments rendus publics, l'empreinte, extraite par un laboratoire privé, n'avait pu être entrée dans le fichier pour une raison technique, le dossier étant incomplet. Le dossier avait été renvoyé au laboratoire et il n'en était jamais reparti, sans que l'on sache pourquoi. Compte tenu du passé de Bruno Cholet, qui avait été condamné plusieurs fois, notamment pour des infractions à caractère sexuel, cette défaillance était plus que dommageable. La ministre de l'Intérieur avait reconnu un dysfonctionnement, expliquant que « le fichier est effectivement aujourd'hui encombré car nous enregistrons de plus en plus d'empreintes ».

Les erreurs. Le STIC est victime du même type de croissance. Nous en sommes à plus de 5 millions et demi de personnes mises en cause en 2009 auxquelles s'ajoutent près de 28 millions de victimes. La moitié de la population française est donc fichée au STIC. Cette hypertrophie se traduit évidemment par des erreurs monumentales, tragiques pour les libertés et auxquelles le pouvoir, fasciné par son jouet, ne prête aucune attention malgré les mises en garde répétées. Il a fallu un « programme d'apurement automatique » du STIC en octobre 2004 pour s'apercevoir que 1,2 million de fiches de mises en cause n'avaient pas lieu d'être. C'est évidemment dommage pour ce million de citoyens, qui a pu voir son sort aggravé s'il avait à faire à la justice ou ses chances compromises s'il faisait l'objet d'une enquête administrative à l'embauche (un million d'emplois font l'objet de ce type d'enquête). Les erreurs sont légion. Quant aux non-lieux, relaxes ou acquittements qui peuvent être la suite d'une « infraction constatée », n'y comptez pas, le fichier n'est pas fait pour les décisions de justice, d'ailleurs les magistrats qui sont chargés de le contrôler n'y ont même pas accès directement ! La CNIL a constaté début 2009 que les procureurs de la République ne transmettent presque jamais au STIC les décisions qui mettent fin aux poursuites. Elle a relevé de plus que lorsque des particuliers demandaient de contrôler l'exactitude des mentions portées sur le STIC, le taux d'erreur était énorme : « Entre le 1ᵉʳ janvier et le 31 octobre 2008, il s'avère que seules 17 % des fiches de personnes mises en cause étaient exactes ; 66 % ont fait l'objet d'une modification de portée variable (changement dans la durée de conservation, de qualification pénale, etc.) ; 17 % ont été purement et simplement supprimées du fichier. »

Le sentiment d'invulnérabilité. L'un des pires dangers du fichage est une sorte de croyance magique dans ses pouvoirs. Le côté technique de la mesure développe un sentiment d'invulnérabilité, non pas chez les policiers – qui ne peuvent se faire d'illusion sur ses limites – mais au sein de la population, entretenue dans une sorte de mythe du fichier, présenté comme la

panacée. Quant aux politiques, ils sont pris au
piège de leurs propres fantasmes et s'estiment
quittes de toute action une fois décidée la création d'un nouveau fichier. Les moyens d'investigation techniques ou scientifiques bénéficient
aujourd'hui d'une telle cote qu'ils en font oublier
les méthodes classiques, humaines, d'investigation
qui, dans l'immense majorité des cas, permettent toujours de résoudre une affaire. Aucune
machine, aucune technique, aucun fichier,
aucune science, ne remplacera jamais l'investigation purement humaine. Les leçons du 11 Septembre sont encore longues à tirer.

La dérive totalitaire

La logique du fichage telle qu'elle se développe aujourd'hui est d'essence totalitaire. Dès
lors que l'informatique s'en mêle, ses capacités
sont sans limite. Il est possible de conserver la
trace de tous les humains. Six milliards, pourquoi
pas ? Il est même possible de conserver la trace
de toutes les traces de tous les humains. Il suffit
d'y mettre le temps. La justification première est
l'efficacité de l'investigation policière. Personne
ne peut contester ce souci d'efficacité, mais le
travail de la police doit trouver comme dans
toute démocratie des limites extrêmement fortes
et précises. L'autre justification de plus en plus

souvent avancée est celle de la préservation des victimes. Comme si cette logique inexorable de la préservation des victimes permettait de tout justifier. Le principe de précaution poussé à son extrême, le fantasme d'une société sans le moindre risque exigerait que tout soit connu, que tout soit exploitable dans les plus brefs délais. Qui ne voit que le FNAEG devra aller à son terme et répertorier les empreintes génétiques de tous les Français ? C'est d'ailleurs ce que voulait proposer le groupe UDF de l'Assemblée nationale lors du vote de la loi « Sécurité intérieure » par un amendement qui a, en définitive, été retiré en attendant des jours meilleurs. Un député de ce groupe, Jean-Christophe Lagarde, avait déclaré très sérieusement en séance publique le 16 janvier 2003 : « Nous avons cependant renoncé au dépôt d'un tel amendement car nous ne disposons pas aujourd'hui des moyens – financiers et autres – nécessaires. Mais je souhaite que le gouvernement y réfléchisse pour l'avenir. »

Dans peu de temps, la recherche systématique des traces (génétiques ou autres) ne suffira plus. Les traces concernent le passé. Et toutes les activités humaines ne laissent pas de trace. Il faut donc transformer l'homme et la société pour qu'il laisse des traces « en temps réel » selon la savoureuse expression de la novlangue. Lui implanter une puce (système déjà parfaitement au point aux Etats-Unis) ou lui fournir des documents ou des objets qu'il portera sur lui et qui laisseront des traces immédiatement exploitables. Il n'y a pas de fin, pas de limite au fichage : si l'on veut une société sans risque il faut ficher tout le monde immédiatement, dès la naissance. Il ne faut pas seulement répertorier les traces laissées mais les risques supposés, car le risque est partout. Comme il est aujourd'hui impossible (faute de fait divers approprié ou de tension terroriste « suffisante ») de faire accepter à la population un fichage génétique de tous, la stratégie sera d'élargir peu à peu le champ des fichiers. C'est ce qu'a fait Nicolas Sarkozy, en 2003, en changeant la nature du FNAEG, en y incluant une foule de petites infractions.

Le sarkozysme est très exactement dans cette logique du fichage infini même si, pour l'instant, il ne pousse pas sa logique jusqu'au bout, contrarié par la résistance de citoyens plus conscients que d'autres des dangers potentiels. Plusieurs films ont traité ce sujet ces derniers temps (*Minority Report* par exemple). Ces œuvres de fiction sont utiles, mais elles présentent aussi l'inconvénient de transporter le sujet dans un monde de science-fiction qui nous éloigne immédiatement de la réalité. Si tout est possible avec le sarkozysme, rien n'est hélas impossible. Il ouvre la voie au pire, en installant des réflexes, des habitudes de pensée. Certes, on peut toujours trouver bien pire à l'étranger. Au Royaume-Uni par exemple, dont la réputation de pays de liberté s'affaiblit d'année en année. Son fichier d'empreintes génétiques concerne déjà 4 millions d'individus (7,4 % de la population). Ni une condamnation de la Cour européenne des droits de l'homme en 2008, ni la sévérité d'un rapport rendu en février 2009 par la Chambre des lords, ni les doutes de plus en plus fondés sur l'efficacité réelle de ce système monstrueux ne semblent, pour l'instant, en mesure d'y changer quoi que ce soit.

L'ENFERMEMENT IDÉOLOGIQUE

Un dogme idéologique

L'enfermement est l'autre grande passion du sarkozysme, tout à fait complémentaire de celle du fichage. Tout comme se multiplient les fichiers, prolifèrent les lois créant de nouvelles infractions, de nouvelles répressions, de nouveaux enfermements. Dans la panoplie réactive aux faits divers, les deux remèdes sont d'ailleurs souvent vendus à la paire. Quand Nicolas Sarkozy est élu président de la République, conformément à ses promesses de campagne, les priorités, les mesures phare sont les peines planchers puis la loi sur la rétention de sûreté. Là encore ces réformes ne sont pas le symptôme d'une addiction ou une lubie personnelle. Elles ne sont pas davantage le fruit des circonstances. Certes, une chronologie sommaire de l'histoire législative pourrait faire croire que les seuls faits divers justifient des lois de pure réaction élaborées à la va-vite au pied d'un article du *Parisien*. Il n'en est rien. La technique du fait divers n'est qu'une tactique : jouer sur l'émotion, faire croire à l'improvisation quand tout est déjà prêt. Car les bases sont déjà posées. Les règles idéologiques sont les mêmes, mais déclinées sur un autre champ.

La prison comme élimination sociale

Nous sommes face à une logique d'élimination sociale. Temporaire ou définitive. La prison est conçue de façon abstraite comme une exclusion. Mais il faut ménager un peu les susceptibilités, l'histoire, l'Europe, le droit. Et élaborer un discours paradoxal de plus. D'un côté, un appel à une sévérité sans faille, un emprisonnement sans complexe. De l'autre, une soi-disant politique d'aménagement des peines qui sert soit d'alibi, soit de petite soupape de sûreté. La parole authentique est celle de la punition, de la fermeté, de l'exemplarité. Nicolas Sarkozy comme Rachida Dati parlent des années de prison avec autant d'émotion qu'un statisticien. Qu'il se trouve des hommes derrière ces lois, des souffrances derrière ces murs ne les soucie en rien. Leur désir profond est de battre des records d'emprisonnement, d'oser ce que d'autres n'ont pas eu le courage de faire, d'aller sans le moindre état d'âme jusqu'au bout de leur logique répressive. Ils se moquent comme d'une guigne de la surpopulation pénitentiaire. En mars 2006, Nicolas Sarkozy exprime son mépris absolu de la condition pénitentiaire : « Il y a 60 000 [à l'époque] détenus en France. Qui décide que c'est trop ? Par rapport à quels critères ? Je souhaite qu'aillent en prison ceux qui le méritent » (*Le Parisien*, 28 mars 2006). Le seul jour où Nicolas Sarkozy s'est rendu compte qu'un homme était derrière les barreaux fut lorsqu'il fallut sauver le préfet Marchiani, l'homme de confiance de Charles Pasqua, que la justice avait osé emprisonner pour « trafic d'influence par personne dépositaire de l'autorité publique » pour une durée de trois années. Alors que le président avait promis de ne plus user de son droit de grâce collective, une odieuse comédie a été jouée. Fin 2008, Nicolas Sarkozy, fidèle, même dans ces circonstances, à sa philosophie du mérite, a demandé à Rachida Dati, en vertu de son droit de grâce individualisé ressorti pour l'occasion du placard, de sélectionner des détenus « méritants »   ayant montré « une

détermination hors du commun à suivre une formation professionnelle, à rechercher un emploi
ou à suivre des soins » ou « ayant fait preuve d'un
courage ou d'une solidarité exemplaire ». Jean-
Charles Marchiani se trouvait miraculeusement
dans le lot. 26 autres détenus ont bénéficié de
cette supercherie.

L'automaticité contre la justice

La pénalisation de la société ne date pas du
sarkozysme. Cette politique, qualifiée souvent et
à juste titre d'ultra-sécuritaire, n'est pas apparue
le 6 mai 2007. Elle s'inscrit dans l'une des évolutions profondes de notre société : l'exaltation de
la punition et, au sein de celle-ci, de la prison.
Certes, le temps n'est plus où la souffrance était
avancée comme la référence première de la
sanction. Le temps du spectacle des supplices,
de la mort sacrificielle, celui des tortures judiciaires a officiellement disparu. L'exhibition de
la douleur des peines appartient à une époque
révolue. Le sarkozysme ne prône pas le rétablisse-
ment de la peine de mort même s'il accueille
avec compréhension les cris de désespoir de certaines victimes ou de leurs familles. Nous ne
sommes pas davantage dans une société totalitaire
fondée sur l'enfermement, la déportation ou
l'extermination d'une catégorie de population.

L'originalité du sarkozysme se traduit par une utilisation compulsive et irrationnelle de la prison. Le progrès avait consisté, en Europe du moins, à tenter d'en faire l'un des outils d'une politique pénale mesurée et respectueuse des droits de l'homme. Des règles avaient été élaborées tant pour le prononcé de la peine que pour son exécution. Le procès, en premier lieu, devait être équitable et la sanction proportionnée et individualisée. Le prononcé d'une peine d'emprisonnement devait répondre à ces exigences. Le sarkozysme en prônant l'automaticité de la prison nous éloigne violemment de cette norme. Il ne s'agit plus de faire de l'emprisonnement l'issue possible d'un débat, mais la conséquence quasi inéluctable d'une infraction. L'audience publique devient une formalité. La décision d'enfermement se déshumanise. Pour reprendre l'expression de Montesquieu, le juge n'est plus que la bouche de la loi. Mais il faut pousser plus loin l'image et s'imaginer ce tableau surréaliste où le juge disparaît. Ses oreilles, ses yeux, sa mémoire, sa sensibilité sont effacés de l'œuvre. Pour l'instant ce mécanisme n'existe que pour les récidivistes, mais tout indique que, de façon plus générale, le débat judiciaire, l'intervention humaine gênent.

Qu'est-ce que cet enfermement automatique ? Quel sens prend-il dans la nouvelle idéologie sarkozyste ? Il s'agit d'écrire une équation parfaite entre une infraction et des années de prison.

Une récidive de vol = un an

Une récidive d'escroquerie = deux ans

Une récidive de vol aggravé = trois ans

Une récidive de détention de stupéfiant = quatre ans...

L'individu disparaît derrière son acte ou la répétition de son acte. C'est un homme abstrait que l'on juge. Même l'acte est considéré de façon abstraite. Une peine identique est appliquée, qu'il s'agisse du vol d'un œuf ou d'un bœuf, dès lors qu'il s'agit d'un vol.

C'est un homme abstrait, réduit à un acte abstrait qui est sanctionné par une prison, elle aussi abstraite. Car, dans ce système, réduit à des mécanismes automatiques, les juges, ou ce qu'il en reste, ne peuvent plus considérer l'enfermement que comme une notion sans consistance, sans épaisseur, un objet que l'on distribue, un tarif que l'on applique, une peine qui « tombe » selon les règles implacables de la pesanteur. L'acte de juger disparaît lui aussi. Il se dissout dans un simple chiffre. La peur et la vengeance sociale ne s'embarrassent pas de longs raisonnements.

Du côté du condamné les choses sont un peu plus compliquées. Le sentiment du juste disparaît totalement. Il n'y a plus de proportion, plus d'adéquation, plus de pitié, plus d'équité, plus d'humanité évidemment, plus de justice. La sanction ne s'inscrit plus dans le cours d'une vie, ne s'enracine plus nulle part. Le condamné n'est plus sujet de quoi que ce soit. Comment pourrait-il adhérer à la peine prononcée alors que cette adhésion est la condition première de son utilité ? Il ne peut rien s'approprier du message de la société. Ainsi, la loi sur les peines planchers, pur produit de l'idéologie, ne saurait-elle produire que rejet et réellion. Elle crée aujourd'hui, dans les prisons, des bataillons de révoltés qui retourneront cette violence contre eux-mêmes, dans le désespoir ou la maladie, ou contre la société. Elle est le plus sûr ferment de la récidive.

Une surpopulation pénitentiaire programmée

La systématisation de l'emprisonnement, la mobilisation des procureurs pour appliquer sans faille les peines planchers et l'avalanche de lois sécuritaires se sont traduites par une explosion de la population pénitentiaire.

Le mouvement fut amorcé dès 2002 lorsque Jacques Chirac était président. Des textes tous plus répressifs les uns que les autres avaient été votés sans aucun souci de cohérence technique. Le sarkozysme y pointait déjà le nez mais les rivalités politiques de l'époque, le combat

Année	Détenus au 1ᵉʳ janvier
1999	52 961
2000	51 441
2001	47 837
2002	48 594
2003	55 407
2004	59 246
2005	59 197
2006	59 522
2007	58 402
2008	61 076
2009	62 252

Source : Ministère de la Justice, Administration pénitentiaire, Chiffres-clés

acharné auquel se livraient alors les droites, avait empêché qu'il ne s'épanouisse vraiment. Nous étions déjà passés de 48 594 détenus au 1ᵉʳ janvier 2002 à 58 402 au 1ᵉʳ janvier 2007. En cinq ans, une augmentation de la population pénitentiaire de 9 808 personnes : 820 personnes de plus chaque année, 70 par mois. Depuis 2007, la situation s'est nettement aggravée (ou améliorée diraient certains : question de point de vue...). Nous sommes passés à 62 252 détenus au 1ᵉʳ janvier 2009, soit une augmentation de 3 850 personnes en deux ans : 1 925 par an, 160 par mois.

Au 1er avril 2009, on compte, selon les chiffres officiels du ministère de la Justice, 63 351 détenus écroués pour 52 535 « places opérationnelles ». La densité dans 15 établissements est supérieure à 200 %. Dans 27 établissements elle se situe entre 150 et 200 %.

La responsabilité du politique est très lourde. Celle des magistrats ne l'est pas moins. Ce sont eux qui condamnent. Ils remplissent les prisons. Ou pas. Ils suivent le mouvement. Ou pas. Il doit être bien difficile de ne pas y céder. Quand une bonne part de la population, la plus médiatisée, va dans le même sens. Le sécuritarisme ambiant a gagné les juges. Les statistiques en matière de peines planchers, régulièrement publiées par le gouvernement, montrent que ces peines extrêmement lourdes sont prononcées dans environ la moitié des cas. La loi d'août 2007 a eu, de plus, ce redoutable effet pervers d'habituer à changer d'échelle : deux, trois, quatre ans d'emprisonnement sont des sanctions qui n'ont plus rien de surprenant. Peines ordinaires, pense-t-on, alors pourquoi hésiter à les prononcer ? Ce sont elles, pourtant, qui sont à l'origine de la surpopulation pénitentiaire. Et qui sont les pires de toutes, qui déracinent un homme et ne permettent aucun travail en détention.

Mais l'effet le plus pervers de la loi sur les peines planchers est qu'elle inverse la logique des libertés. Dans une démocratie, pour priver un citoyen de sa liberté il faut trouver une bonne raison. Le jugement qui prononce une peine de prison doit être motivé. C'est désormais l'inverse : la lourde peine de prison est la règle pour le récidiviste. Pour l'éviter, le juge doit s'expliquer, il doit motiver spécialement sa décision. Dès 2005, Nicolas Sarkozy avait instauré ce principe. La loi sur la récidive prévoyait qu'en la matière le juge n'avait plus à motiver la peine d'emprisonnement. Nous en sommes là : la prison est une facilité.

L'indifférence à la souffrance et à la misère des prisons

On ne compte plus les cris d'alarme qui se succèdent à un rythme inégalé dans l'indifférence absolue du pouvoir politique. L'état des prisons en France est déplorable. Une catastrophe chaque jour plus grande. Chacun le sait. Ou peut le savoir. Le gouvernement mieux que quiconque. Il est toujours possible d'écrire un nouveau livre de dénonciation, d'envoyer des parlementaires dans les maisons d'arrêt et les centres de détention pour rédiger un énième rapport sur « l'humiliation de la République » (1999), de réunir une commission ad hoc... Tout cela a déjà été fait et ne changera pas grand-chose. La pitié et la commisération sont tout à fait compatibles avec la volonté de faire souffrir les prisonniers, de les humilier, eux, et pas seulement la République. Une sorte de partage des tâches s'est créé depuis longtemps entre ceux qui dénoncent et ceux qui s'en moquent. Il n'y a d'autre solution que de changer du tout au tout notre pensée et nos pratiques de la prison. Il faut d'abord avoir la ferme conviction que la prison est un mal. Qu'elle apporte bien plus de souffrances que de gratifications. Qu'elle rend pire et non pas meilleur. Et qu'il faut donc l'éviter au maximum. Il faut ensuite que la prison donne au détenu tous les droits du citoyen, tous, sauf ceux qui découlent de l'absence de liberté. Il faut une prison qui ne soit qu'une exception, un ultime recours. Faute de cette volonté, première et absolue, nous continuerons à énumérer sans cesse les innombrables malheurs des prisons. L'idéologie sarkozyste est aux antipodes d'une telle conception de la prison. Elle se caractérise par l'indifférence à la souffrance des détenus. Voici les derniers cris d'alarme. A quelques mots près, le constat est le même. Seul change l'endroit d'où est poussé le cri.

A l'Académie nationale de médecine, en octobre 2008, lors d'une réunion consacrée à la santé en milieu carcéral, il était rappelé qu'une loi du 18 janvier 1994 avait confié au service public hospitalier la santé des détenus. Il s'agissait d'offrir aux personnes incarcérées la même qualité et la même quantité de soins qu'en milieu libre. L'Académie de médecine constatait que cet objectif n'avait toujours pas été atteint : « La prise en charge des détenus n'a toujours pas rejoint celle des autres citoyens. Le statut du détenu prime toujours sur celui du malade. » Il était demandé une « concertation d'urgence » des acteurs concernés. Le constat alarmant était le même, tant pour les soins de médecine ordinaire qui doivent s'adapter aux besoins immenses d'une population « quart-mondisée », que pour les soins psychiatriques face à une population de plus en plus fragile, le suivi psychiatrique étant « insuffisant ou nul » (*Le Monde*, 22 octobre 2008).

En novembre 2008, le commissaire européen aux droits de l'homme, Thomas Hammarberg, déposait un mémorandum plus que sévère sur l'état des prisons françaises et les « dysfonctionnements de la gestion pénitentiaire française ». La critique principale porte évidemment sur la surpopulation. « Sept détenus sur dix, constate-t-il, sont écroués dans des établissements surpeuplés », dans des conditions « intolérables » aussi bien pour les gardiens que pour les détenus. Sont relevés l'absence de vie privée, des locaux vétustes, une hygiène pauvre et surtout un haut niveau de suicides. L'inaction du gouvernement est dénoncée alors qu'un précédent rapport en

2006 avait dressé un constat du même genre. L'encellulement individuel n'a toujours pas été mis en œuvre. Le commissaire dénonce à juste titre la manœuvre du ministre de la Justice qui a préféré, en juin 2008, prendre un décret qui, sur ce point, « renverse le droit existant ». Il faut désormais que le détenu fasse la demande ; l'encellulement individuel devient une simple possibilité soumise à des conditions très difficiles. Compte tenu du nombre élevé de détenus atteints de troubles mentaux, les observations du commissaire sont particulièrement inquiétantes. Il note qu'au lieu d'être hospitalisés, certains malades relevant de la psychiatrie sont placés en quartier d'isolement, voire en quartier disciplinaire, ou encore font l'objet de régimes de détention plus stricts, dans le cadre des régimes différenciés.

Début avril 2009, le psychiatre Louis Albrand remettait le rapport de la commission qu'il présidait sur les suicides en prison. Avaient curieusement disparu, dans la version définitive, ce titre de préface, insupportable : « Le record français des suicides en prison ou le symptôme d'un système pénitentiaire à bout de souffle » et ce diagnostic, trop juste : « Derrière les chiffres désastreux de suicides en prison, c'est donc, après l'imprévoyance, la surpopulation qu'il faut pointer du doigt en cela qu'elle est venue aggraver les conditions de détention et contrarier les mesures de prévention. » L'augmentation du nombre de suicides en 2008 (115 contre 96 en 2007) avait motivé cette nouvelle réflexion quelques années après celle d'une autre commission, présidée par un autre psychiatre, le professeur Jean-Louis Terra, sur le même sujet. Les chiffres de début 2009 étaient tout aussi alarmants. La France, de plus, a été condamnée en octobre 2008 par la Cour européenne des droits de l'homme suite à un suicide en prison. Un homme, placé en détention provisoire, s'était pendu en juillet 2000 dans une cellule disciplinaire de la prison de Bois-d'Arcy. Il souffrait de troubles psychiatriques mais la prise de son traitement n'était pas surveillée. Il avait été placé dans cette cellule après l'agression d'une surveillante, alors qu'il avait fait une tentative de suicide. La Cour s'étonne qu'aucune hospitalisation psychiatrique n'ait été envisagée. Elle considère que placer cet homme à l'isolement, sans la moindre visite, constituait un traitement inhumain.

Le contrôleur général des lieux de privation de liberté, M. Jean-Marie Delarue, dans son premier rapport général d'avril 2009 dressait un état des prisons françaises qui frisait le dépôt de bilan. Dénonçant un « déséquilibre entre les besoins de sécurité et les droits des personnes » détenues, il en énumérait les conséquences tragiques : tensions, souffrances, rapports de force et violence. « La France captive ne peut pas se défaire d'un certain sentiment d'arbitraire », écrivait-il. Son rapport ne faisait que détailler un autre rapport encore plus terrible, rendu public début janvier 2009 suite à l'inspection de la maison d'arrêt de Villefranche-sur-Saône, considérée pourtant comme une prison modèle et où sont expérimentées (pour partie) certaines des règles pénitentiaires européennes. Au-delà des constats concernant l'accès aux soins, les fouilles, l'insécurité... ces premiers travaux du contrôleur général frappent par la hauteur de vue. Des recommandations précises et constructives sont formulées à chaque fois. Mais l'apport essentiel de cette nouvelle institution est de dégager les causes réelles du mal et de mesurer son ampleur. Le rapporteur ose mettre en cause la politique pénale actuelle et dire que le changement et le retour à la dignité viendront d'un autre rapport à la sécurité et à la prison : « Il n'y aura de modifications importantes en prison qu'au jour où l'opinion aura compris que sa propre sécurité passe par une amélioration substantielle de la détention. »

Une loi pénitentiaire pour rien

Face à ce désastre le gouvernement, après des mois et des mois d'atermoiements, a fini par proposer au Parlement, début 2009, une loi pénitentiaire. Alors que tant d'autres lois, entrant parfaitement dans le champ de son programme idéologique, avaient été votées à très grande vitesse, celle-ci a traîné lamentablement au rythme de la mauvaise volonté du pouvoir. Sans renier en quoi que ce soit le reste de sa politique ultra-répressive tendant à remplir les prisons à ras bord, le gouvernement a, dans cette loi, voulu faire croire qu'il allait apporter une réponse à la surpopulation. Son remède ? L'aménagement des peines déjà prononcées. Le juge de l'application des peines pouvait jusque-là transformer une peine ferme d'un an de prison – ou moins – en une peine de semi-liberté ou de surveillance électronique. La loi pénitentiaire permet d'aménager des peines fermes jusqu'à deux ans. Avec pour effet pervers de donner bonne conscience au juge, qui condamnera plus aisément à deux ans d'emprisonnement dans l'idée que le juge de l'application des peines pourra, lui, se montrer humain. Quant aux améliorations du régime pénitentiaire, elles sont minimalistes et ne changeront presque rien à la condition pénitentiaire unanimement dénoncée. Diminuer la population pénitentiaire, telle est aujourd'hui la clé de la plupart des problèmes de la prison, mais les rédacteurs de cette loi refusent obstinément de le voir.

L'État-limite

Un changement de civilisation,
rétention de sûreté et dangerosité

L'autre originalité du sarkozysme est d'avoir promu la notion de dangerosité comme principe fondateur de la sanction. Et d'avoir ainsi voulu bouleverser l'un des fondements de notre civilisation. Le mot – trop large, trop solennel – fera sourire certains. Ceux qui veulent oublier quelle est la place de la punition dans une société. Le droit pénal peut être envisagé comme une simple discipline juridique parmi d'autres. Il est bien davantage. Si la loi est l'un des fondements de toute vie sociale, la sanction d'une violation de cette loi participe des mêmes fondements. Dis-moi comment tu punis, je te dirai qui tu es. La même logique peut s'appliquer à n'importe quelle société. La plus haute sanction est le meilleur révélateur de l'état d'une civilisation. La peine de mort – et la façon de l'administrer – a longtemps constitué cet indicateur et il n'a rien perdu de sa pertinence dans le monde. La loi de 2008 instaurant en France la rétention de sûreté est venue se placer, sans que personne n'ose le dire vraiment, en haut de cette échelle des peines. Là où trônait si longtemps la peine de mort. Elle lui a emprunté sa valeur symbolique et a détrôné la réclusion criminelle à perpétuité.

La rétention de sûreté n'est toutefois que la manifestation extrême de la notion de dangerosité. Il est difficile d'en voir immédiatement les contours. Dans la peine de mort, la tête tombe. Dans la réclusion criminelle à perpétuité, nous voyons quelques vieillards, à l'article de la mort, quitter à grand-peine leurs prisons. La rétention de sûreté, elle, ne sera effective que plus tard : le Conseil constitutionnel a estimé qu'elle ne s'appliquerait qu'à l'issue de peines de réclusion (quinze ans minimum) prononcées après la promulgation de la loi. Il sera toujours temps de voir, peut-on penser. Mais le mal sera déjà fait. Nous nous serons habitués à penser la criminalité avant tout en termes de dangerosité. Or cette façon de voir est déjà dans de multiples textes. Elle est surtout dans nos têtes. On habitue la société à considérer d'abord un homme qui a commis une infraction en terme de danger potentiel. Cette vision n'est pas nouvelle. Elle rejoint le courant de la criminologie positiviste qui s'est surtout développée au XIXe siècle. On y considérait le criminel comme un microbe social. On sait à quelles dérives gravissimes ont conduit ces conceptions un siècle plus tard. Elles rejoignent aussi le penchant naturel de tout homme, professionnel ou non, amené à réfléchir au devenir d'un délinquant : risque-t-il ou non de récidiver et de nuire à notre sécurité ? Le sarkozysme, dans son positionnement de base, n'a aucune prétention scientifique. Il va directement à la conclusion : se débarrasser le plus longtemps possible d'un être jugé dangereux. Il s'inscrit surtout dans un système de pensée où le danger est dénoncé partout et où l'enfermement devient la solution universelle. La rétention de sûreté n'est surtout pas une exception. Elle est la plus forte déclinaison d'une idéologie.

Nous sortons complètement du schéma classique qui fait de l'enfermement la fin d'un processus à l'origine duquel se trouvait la faute pénale, comportement social répertorié avec précision et inscrit avec solennité dans nos lois. L'abandon n'est pas seulement celui d'un schéma « classique » mais d'une base civilisationnelle très ancienne. La justification d'une mise à l'écart sociale ne peut avoir d'autre fondement que la violation d'un pacte social préalablement signé. Même si toutes les clauses n'ont pas été lues et si quelques surprises sont possibles, l'adhésion globale était auparavant acquise. Le procès servait au moins à relire le contrat, à rappeler au contrevenant la clause exacte, l'article du code publié et violé. C'est tout l'avantage du droit de permettre une certaine prévisibilité et une certaine sûreté de la vie en société. La loi, si imparfaite soit-elle, est une garantie.

Dans l'idéologie sarkozyste, le droit pénal est rejeté car il tient l'enfermement dans des barrières trop contraignantes. Sa définition est étroite, son interprétation stricte. Avec la rétention de sûreté nous entrons dans l'indétermination absolue. La dangerosité est indéfinissable. Elle ne se décline pas. Elle s'estime, se soupèse, s'expertise, s'évalue. Nous passons de la prose à la poésie. Et une poésie aux vers libres : l'enfermement se rattache certes à un acte initial mais il se fonde essentiellement sur un comportement jugé dangereux. Cet enfermement durera tant que le comportement persistera. Nous passons d'un système fondé sur la loi et le droit à un autre système dont rien ou presque n'est construit si ce n'est sa procédure. Le paradoxe est fort. Les conditions requises pour prononcer une rétention de sûreté sont rigoureuses : c'est ce qui l'a fait déclarer constitutionnelle par les juges du Conseil constitutionnel attachés à la forme mais aveugles au fond. Nous passons d'un système fondé sur la raison à un autre fondé sur la peur et l'arbitraire, nous retrouvons les ressorts de la justice d'avant les Lumières et la Révolution.

Dans le système classique sous le régime duquel malgré tout nous vivons encore – pour combien de temps ? –, il est déjà problématique pour la justice de connaître la vérité des faits. Dans le nouveau système que prône le sarkozysme, la justice plonge dans le virtuel. Face au réel, aujourd'hui, le juge ressent la faiblesse de ses moyens, l'indigence de son savoir. Face au virtuel de la dangerosité, il va jouer sa décision aux dés. Et ces dés sont pipés Car cette décision est connue d'avance. Dans une société de peur, où il aura ordre de protéger les victimes sous peine de voir sa responsabilité engagée, que pourra bien faire d'autre le juge que de cautionner un constat quelconque de dangerosité ? Car le lieu d'enfermement est déjà prêt. La seule prison de France dont le taux d'occupation soit de 0 % est à Fresnes, dans une aile de l'hôpital, spécialement aménagée. Le premier centre médico-sociojudiciaire prévu par la loi de 2008 pour accueillir les personnes condamnées à la rétention de sûreté a été inauguré en grande pompe par Rachida Dati. Prison cherche détenus dangereux.

Il faudra aussi trouver des « experts » qui acceptent de jouer le jeu. Pour que l'arbitraire ne sente pas trop l'arbitraire, pour qu'il prenne les dehors de la pensée, il lui faut un peu de droit et quelque chose qui ressemble à de la science. Une science ou une autre apportera la caution nécessaire pour légitimer un enfermement de très longue durée, perpétuel s'il le faut. Une science qui pourra s'emparer de la notion de dangerosité, dont personne pourtant ne connaît ni ne connaîtra jamais ni les contours ni le contenu. Les psychiatres avaient déjà le monopole des expertises permettant de décider de la responsabilité des personnes souffrant de troubles mentaux. Peu à peu s'est développée l'expertise de dangerosité dans le cadre de l'exécution des peines. Les psychiatres ont accepté, non sans hésitation, d'intervenir dans ce cadre-là, mais leur réticence à dépasser ce rôle s'est muée progressivement en refus. Ils sont aujourd'hui dans leur majorité décidés à ne plus prêter la main à des mesures telles que la rétention de sûreté. Début novembre 2008, une centaine d'entre eux ont signé une pétition refusant « la perpétuité sur ordonnance » et affirmant qu'ils ne participeraient pas au dispositif d'expertise mis en place par la loi de 2008.

C'est ainsi qu'est née l'idée d'utiliser cette discipline un peu délaissée en France, la criminologie. Toutes les commissions dont les rapports avaient précédé la loi sur la rétention de sûreté avaient déjà balisé le terrain. La commission présidée par Jean-François Burgelin, procureur général honoraire près la Cour de cassation, avait, en 2005, proposé la création d'un centre de documentation psycho-criminologique constituant une base de données à partir d'expertises psychiatriques et psychologiques des individus les plus dangereux. En 2006, le rapport du député Jean-Paul Garraud sur « l'évaluation de la dangerosité des auteurs d'infractions pénales atteints de troubles mentaux », proposait la création d'une école de formation d'experts. Georges Fenech, dans son rapport sur la loi instaurant la rétention de sûreté, plaide pour le développement de l'enseignement de la psycho-criminologie. Il n'est donc pas très étonnant de constater que le pouvoir actuel essaie de favoriser par tout moyen une certaine conception de la criminologie. L'entreprise est hasardeuse car l'Université et les chercheurs français ont une tradition d'indépendance réconfortante. La nomination très controversée d'Alain Bauer, criminologue mais aussi PDG de la société AB Associates (spécialisée dans l'audit de sûreté urbaine, le diagnostic local de sécurité, l'audit de sûreté des transports, les études des conditions légales et techniques de vidéosurveillance...), à la chaire de criminologie du Conservatoire national des arts et métiers ne peut que renforcer les inquiétudes liées à cette promotion programmée de la « criminologie ».

XÉNOPHOBIE D'ETAT

L'idéologie de l'identité nationale

La création du ministère de l'Identité nationale a été l'aveu le plus éclatant que l'hostilité viscérale aux immigrés et aux étrangers sans papiers sortait du champ de la politique « classique ». Dépassée l'ordinaire chasse aux clandestins, avec ses statistiques aberrantes et ses bulletins de victoires plus ou moins truqués au vu du nombre de reconduites à la frontière annuelles. Nous sommes entrés

de plain-pied dans l'ère idéologique. Le sarkozysme remet à l'ordre du jour toutes les valeurs
classiques de la droite la plus réactionnaire et y
annexe quelques-uns des thèmes récurrents de
l'extrême droite. Ainsi à Marseille, dans un discours de campagne présidentielle, ce salmigon-
dis impressionnant : « A force de tout détester,
de détester la famille, la patrie, la religion, la
société, le travail, la politesse, l'ordre, la morale,
à force on finit par se détester soi-même. » Il n'y
a donc rien d'étonnant à voir la chasse s'organiser aussi, sans le moindre état d'âme, sur les ter-
res extrêmes de la xénophobie. Le discours du
ministre de l'Intérieur – « quand on vit en
France... on aime la France, si l'on n'aime pas
la France... personne ne vous oblige à rester »
(2005) – fleure le slogan lepéniste – « la France,
aimez-la ou quittez-la ».

Pour éviter de donner au concept d'identité
nationale une coloration trop ouvertement
xénophobe, il a donc été noyé au sein d'une
dénomination fleuve très inhabituelle : « Ministère de l'Immigration, de l'Intégration, de
l'Identité nationale et du Développement soli-
daire. » Mais personne ne s'y est trompé. Seule
compte l'opposition frontale entre immigration
et identité nationale : l'idée s'affiche chaque
jour au fronton de la République que l'immigration est un danger – un de plus – pour la nation
menacée dans son essence même.

L'État-limite

Parler d'identité nationale vaut pour un pays assiégé. Elle a valeur défensive. Toutes les gesticulations stylistiques pour définir ce que pourrait être une politique positive de l'identité nationale se heurtent à la réalité d'une politique forcenée de reconduites à la frontière à la limite des capacités de l'administration d'Etat. La lettre de mission adressée début 2009 à Eric Besson pour cadrer la partie « identité nationale » de son ministère reflète bien ce vide de l'action. Une fois passées quelques envolées poétiques – « célébrer, au regard du monde et des nouveaux migrants, la fierté d'être français » – et prudentes – « la France dont nous défendons les couleurs est une France ouverte sur les autres » – il ne reste rien ou presque. Renforcer la place de la *Marseillaise,* du drapeau, de la Marianne... Aider le ministre de la Culture à mettre en place un Musée de l'histoire de France. Effectivement le ministère de l'Identité nationale n'a rien à faire sur ce terrain qu'à porter son nom, à cristalliser ainsi les réactions de peur et de rejet et à capitaliser les voix de l'extrême droite.

L'analyse féroce et prémonitoire d'Eric Besson

Il n'existe meilleure analyse de la politique et de l'idéologie sarkozystes que celle d'Eric Besson

217

dans l'ouvrage qu'il avait écrit en janvier 2007, *Les inquiétantes ruptures de Nicolas Sarkozy*. Œuvre pertinente et dont certaines attaques virulentes sur le candidat de l'époque dénotaient déjà la passion de son auteur pour les titres de séjour – « un néo-conservateur américain à passeport français ». Le futur ministre de l'Identité nationale expliquait quelques vérités simples qui restent d'une particulière actualité :

— Nicolas Sarkozy avait multiplié les lois en matière d'immigration sans même se soucier de leur effectivité et encore moins de leur efficacité. Il avait fait voter une première loi, du 26 novembre 2003, « relative à la maîtrise de l'immigration, au séjour des étrangers et à la nationalité » et, alors que ses décrets d'application n'étaient même pas encore écrits, il en avait fait voter une seconde, la loi du 24 juillet 2006, relative à l'immigration et à l'intégration.

— La politique du ministre de l'Intérieur se caractérisait déjà par le double langage et le mensonge. La législation était « officiellement destinée à intégrer les immigrés » alors qu'en réalité elle aggravait leur sort. Nicolas Sarkozy prétendait avoir supprimé la double peine alors qu'elle était maintenue dans de multiples cas.

— Les nouveaux textes rendaient bien plus difficile la situation des immigrés en France et accroissaient leurs souffrances : durcissement des conditions du regroupement familial et des unions mixtes, abrogation de la régularisation de plein droit après dix années de présence en France...

— Le but n'était pas tant de lutter contre l'immigration que de frapper l'opinion publique par des mesures à « visée électoraliste » à la veille des présidentielles. Dans la réalité, la politique mise en œuvre fabriquait de l'immigration clandestine.

— Enfin, la politique d'immigration était rattachée par l'auteur à la politique sarkozyste dans son ensemble. Une politique d'ordre moral qui visait à changer fondamentalement l'ensemble des rapports sociaux.

Qu'un tel homme, qui décortiquait si intelligemment cette politique démagogique, puisse, deux ans plus tard, la mettre en œuvre avec une froideur sans pareille, renvoie aux mystères les plus insondables de la nature humaine. Reste que l'analyse est toujours aussi juste. Et que cette politique qu'il dénonçait si brillamment, il l'applique donc avec le même cynisme que son nouveau héros. Nicolas Sarkozy en 2002 se glorifiait d'avoir fermé Sangatte (« mais les migrants sont toujours là », écrivait en 2007 Eric Besson), le nouveau ministre de l'Identité nationale se vante en 2009 de fermer bientôt la « jungle » qui lui a succédé !

Le sarkozysme sans Sarkozy

L'inhumanité aujourd'hui

Depuis le cinglant réquisitoire d'Eric Besson en 2007, la situation s'est plutôt aggravée. Peut-être les constatations du commissaire européen aux droits de l'homme rendues publiques fin 2008 seront-elles lues avec moins de suspicion que les attaques de l'ancien militant socialiste. Elles se ressemblent pourtant beaucoup.

Le commissaire demande aux autorités françaises de revoir de façon critique l'ensemble des conditions de vie dans les centres de rétention et de les humaniser. De graves incidents sont survenus en juin 2008 au centre de Vincennes à la suite de tensions très vives : un incendie a ravagé l'établissement qui a dû être fermé. Le commissaire insiste particulièrement sur le cas du centre de Mayotte dont les conditions d'hébergement sont « contraires à la dignité humaine ». Les images de ce centre qui ont pu être diffusées en décembre 2008 sont désolantes. Elles ont été tournées deux mois plus tôt par un agent de la police aux frontières alors que 202 personnes étaient retenues pour 60 places disponibles. On y voit des dizaines d'hommes entassés les uns contre les autres dans une pièce sordide et dont la grille d'accès est fermée à double tour. Tout est d'une saleté repoussante et reflète un manque d'hygiène total. Dans une autre pièce, femmes et enfants sont couchés à même le sol sur des matelas de fortune...

La situation des mineurs est dénoncée. Le nombre d'enfants très jeunes enfermés avec leurs parents ne fait que croître. Personne ne semble s'en émouvoir. Le commissaire rappelle que les centres de rétention et les zones d'attente aux frontières sont les seuls endroits en France où des mineurs de moins de 13 ans sont privés de leur liberté. Les enfants sont parfois très jeunes. Il y a même des nourrissons. Le commissaire invitait les autorités françaises à ne recourir à la rétention de ces familles qu'en « cas d'extrême nécessité afin de ne pas créer un traumatisme irrémédiable pour les enfants ». Peine perdue. Parmi bien d'autres exemples, en mai 2009 un bébé de quatre mois était retenu avec son frère de 9 ans, et ses parents, d'origine russo-azerbaïdjanaise, au centre de Nîmes. Cette famille en France depuis fin 2005 ne posait aucun problème. Le juge des libertés et de la détention avait estimé que ce placement était « incompatible avec la convention des droits de l'homme et avec la convention des droits de l'enfant ». Le procureur de la République a fait appel et la cour d'appel a maintenu la famille en rétention...

Le commissaire est contraint d'appeler « les autorités françaises à garantir qu'aucune arrestation ne soit réalisée dans ou autour des écoles et des préfectures ». Qu'un ministre soit obligé d'ordonner qu'on n'interpelle pas des enfants dans une école, au simple motif qu'ils sont étrangers, fait normalement froid dans le dos. Pire, ces instructions ne sont pas suivies d'effet et les instances internationales le martèlent : « Une telle pratique est intolérable tant elle est traumatisante pour les enfants. Les écoles doivent rester des lieux d'enseignement et d'éducation et non des zones d'interpellation. » Le 24 novembre 2008, à Grenoble, dans l'après-midi, les époux Kurtishji, des Kosovars, sont venus accompagnés de policiers en civil chercher trois de leurs quatre enfants scolarisés en primaire et en maternelle en pleine classe. Ils ont été immédiatement menés au centre de rétention de Lyon et ont été reconduits en Allemagne, où ils étaient entrés en Europe.

L'arbitraire aujourd'hui

L'arbitraire peut s'ajouter à l'ignominie. Car la culture du chiffre trouve son plein épanouissement dans les pratiques du ministère de l'Identité nationale qui s'attache à reprendre la doctrine sarkozyste, mais en l'aggravant. L'ancien ministre de l'Intérieur en avait fait un de ses chevaux de bataille, un de ses titres de gloire. Il fixait chaque année des objectifs chiffrés de reconduite à la frontière et menait à ses préfets une guerre impitoyable pour les faire respecter, suivant mois par mois leurs statistiques d'éloignement, les convoquant et les tançant quand, à son sens, ils faillissaient à leur tâche. Sur le terrain, policiers et gendarmes étaient harcelés pour remplir leurs quotas d'expulsions. Depuis 2007 cette politique est devenue, de façon plus officielle encore, celle de la France. Avec beaucoup de diplomatie, le commissaire européen fin 2008 « attire l'attention des autorités françaises sur les risques associés à la détermination quantitative du nombre des migrants irréguliers à reconduire ainsi qu'à analyser les conséquences engendrées par ces objectifs chiffrés sur les méthodes d'interpellation et la pratique administrative ». Concrètement, ce sont les contrôles au faciès qui se multiplient. On arrête en France des personnes parce qu'elles sont noires ou basanées, ou parce qu'elles ont le tort de se trouver dans des endroits fréquentés par des étrangers. Ce sont les policiers eux-mêmes qui le disent. Leurs témoignages sont devenus d'une grande banalité, tout comme, hélas, leurs pratiques.

Le rapport de l'année 2008 de la CNDS apporte un éclairage révélateur. Il fait le lien entre l'état du centre de Mayotte et la politique du chiffre. Il faut en effet savoir que le préfet de Mayotte, en exécution des instructions gouvernementales, a fixé à 12 000 le nombre de reconduites à la frontière en 2006 et 2007 : son zèle en sera certainement récompensé, il a largement dépassé ses propres objectifs. Dès lors le centre tourne à flux tendu. Il faut entasser les retenus et raccourcir tous les délais de procédure, peu importent les conséquences, quitte à multiplier les erreurs. Quant au centre de Guyane, les constatations de la commission à son propos sont atterrantes : violation systématique de tous les principes de procédure pénale et particulièrement des droits les plus élémentaires des personnes appréhendées, mentions d'horaires d'interpellation, de notification de droits et d'audition volontairement faussées, réponses négatives pré-imprimées prêtées aux personnes gardées à vue ou placées en rétention les empêchant d'exercer leurs droits. Au total, la commission estime que tous ces manquements sont notamment la conséquence « de la fixation d'objectifs de reconduite à la frontière qui sont sans rapport avec les moyens des services et conduisent à des traitements de masse, au mépris des hommes, de leurs droits fondamentaux et des règles de procédure ».

**Promotion de la délation,
criminalisation de l'aide**

Cette politique ne se contente pas d'être inhumaine. Elle pervertit les principes mêmes de la démocratie. Se développe, comme aux temps les plus noirs de notre histoire, l'esprit de délation. Dénoncer des clandestins : quel mal y aurait-il à cela ? Ce sont désormais des délinquants parmi d'autres. La loi l'autorise. N'importe quel citoyen peut le faire avec la meilleure conscience, sous couvert de la plus parfaite légalité. L'administration donne l'exemple, sous l'incitation du gouvernement. Ainsi les salariés du Pôle Emploi se voient-ils enjoindre de faire le travail de la police. Des instructions leur sont données pour vérifier l'authenticité des papiers des demandeurs à l'aide de lampes UV, ordre est donné de dénoncer les suspects. Des pétitions circulent pour appeler à désobéir à ces directives. Mais il faut du courage pour dire : « Nous sommes solidaires des personnes que nous accompagnons vers l'emploi. »

Encore plus zélé que Brice Hortefeux, Eric Besson, à peine arrivé au ministère de l'Identité nationale, a institutionnalisé la délation. Par pur esprit de charité vis-à-vis des clandestins, à qui il offre la possibilité de gagner un titre de séjour provisoire contre le nom des passeurs. « Mettez-vous à la place de ces immigrés illégaux, dit-il, la main sur le cœur, ils sont aujourd'hui dans un statut qui ne leur permet pas de dénoncer leurs tristes conditions puisque, justement, ils n'ont aucun titre de séjour. Ils peuvent avoir peur d'aller voir la police ou la gendarmerie. » C'est

en effet probable ! On retrouve la même logique employée par Nicolas Sarkozy dans cette loi
qu'il avait fait voter en 2003 et qui faisait du simple racolage passif un délit. La loi prévoyait aussi
d'accorder une carte de séjour de dix ans aux
prostituées qui dénonceraient leur réseau. Quelques années plus tard, le fiasco est évident. La
prostitution n'a pas reculé (elle s'est éloignée
des centres-ville), non plus que le proxénétisme.
En revanche les prostituées qui se sont risquées
à dénoncer ont eu les pires ennuis. Quant aux
réseaux démantelés il n'y en a eu aucun. Aucun
ministère n'a même osé mentir ou truquer une
statistique. Les ministres préfèrent se taire, pensant que personne n'osera dire que la loi a été
un piteux échec, que chacun l'oubliera. Nous le
disons donc, comme d'autres. En ajoutant que
la circulaire Besson participe du même mensonge grossier et n'a d'autre but que de nous
familiariser un peu plus avec la pratique de la
délation. Elle aura par ailleurs pour effet mathématique de mettre le clandestin dans une position dangereuse et intenable vis-à-vis de sa
famille ou de ses proches. Au fond, s'étonne-t-
on aujourd'hui qu'une assistante sociale, à
Besançon, en 2008, se rende au commissariat
dénoncer un travailleur clandestin sénégalais
aperçu en rendant visite à la famille qu'elle était
censée aider ? Cet étranger sera aussitôt arrêté et
placé en centre de rétention. Nous n'en sommes

pas encore au niveau italien où le Parlement envisageait d'autoriser les facteurs, les directeurs d'école et les médecins à dénoncer les immigrés sans papiers. Devant la mobilisation, notamment du personnel soignant qui avait entamé une campagne sur le slogan « nous sommes des médecins et des infirmières, pas des espions », le pouvoir italien avait reculé. Mais le fait de louer un logement à un immigrant clandestin ou de l'héberger reste désormais passible de trois ans d'emprisonnement.

La xénophobie d'Etat a donc deux faces. Pile, la promotion de la délation. Face, la pénalisation de la solidarité. Pour isoler encore plus ce déviant qu'est l'immigrant, la méthode ne change pas : exploiter la peur, user du double langage. Les personnes qui osent apporter une aide sont gardées à vue, ou parfois condamnées, même s'il s'agit de peines légères. Le ministre s'évertue à le nier mais les faits sont têtus. Eric Besson se gausse d'un « mythe », affirmant qu'il suffit d'aider « de bonne foi » un étranger en situation irrégulière pour échapper à la condamnation. Affirmation consternante pour le moindre juriste qui sait bien que la bonne foi n'annule pas le délit prévu par l'article 622-1 du code de l'entrée et du séjour des étrangers et du droit d'asile (cinq ans d'emprisonnement et 30 000 euros d'amende). Affirmation mensongère pour les associations spécialisées qui fournissent maints exemples d'arrestations et de condamnations de citoyens qui, à titre bénévole ou à l'occasion, aident ces étrangers. Parmi tant de cas, celui de cette habitante du Pas-de-Calais, membre de l'association Terre d'errance, qui, en février 2009, passe dix heures en garde à vue... pour avoir rechargé des portables de migrants.

On a du mal à imaginer que tous ces constats se rapportent à la France. Utiliser les hommes, les femmes immigrés, leurs enfants, comme instruments d'une politique électoraliste, accroître intentionnellement leurs souffrances pour flatter les instincts xénophobes d'une partie de l'opinion publique, voilà qui fait nettement franchir les limites de l'Etat de droit.

LA CONSTRUCTION D'UN POUVOIR AUTORITAIRE : UNE JUSTICE AUX ORDRES

Détruire la légitimité de l'autorité judiciaire

Le sarkozysme déteste les contre-pouvoirs. Les juges en sont le symbole le plus fort puisque par définition ils sont indépendants. Plus que n'importe quelle autre institution, ils sont capables de dire non, de s'opposer au gouvernement en refusant ses ordres ou sa politique. Ils ne sont comptables que de l'application des lois. Et encore doivent-ils faire prévaloir les règles de la convention européenne des droits de l'homme. Leurs investigations ne s'arrêtent pas à la porte du pouvoir ou de ses proches. Ils ont leur légitimité propre qui ne procède pas du pouvoir exécutif et encore moins du président de la République. Ils doivent mettre en œuvre non la politique pénale du gouvernement mais les lois de la République. Ils sont, de par la Constitution, les gardiens des libertés individuelles. Les procureurs de la République qui ne sont pas des juges, mais font aujourd'hui partie de la magistrature, sont, eux, soumis dans la réalité quotidienne à une hiérarchie de plus en plus stricte. Face à ces constats qui s'imposent à tous, le sarkozysme consiste à trouver toutes les politiques de contournement possibles :

— D'un côté, accroître toujours plus la dépendance des procureurs de la République à l'égard du pouvoir exécutif et augmenter au maximum leur pouvoir au détriment des juges.

— De l'autre réduire le champ d'action de ces juges, jusqu'à supprimer leurs fonctions s'il le faut ; les contraindre par tous les moyens possibles à appliquer la politique que décide le pouvoir et à se soumettre à son idéologie.

— Mais surtout, rappeler inlassablement que le président de la République représente, lui, la seule véritable légitimité, les magistrats, eux, ne pouvant au mieux prétendre qu'à procéder de la sienne.

Cette stratégie est à l'évidence lourde de grands dangers. Réduire la justice à une peau de chagrin, l'abaisser, la démanteler ou l'humilier, tels sont les principes de fonctionnement de cet Etat-limite qui non seulement s'approche chaque jour plus près du seuil de résistance des libertés mais qui, dans sa structure même, détruit les équilibres de la démocratie.

Nicolas Sarkozy est le moteur de cette politique, mais elle est portée par bien d'autres que lui. Rachida Dati a été, assez logiquement, le chantre le plus bavard si ce n'est le plus intelligent, de cette nouvelle conception du pouvoir. Dans une interview à Canal+ en septembre 2007 elle en exposait la substance : « La légitimité suprême, c'est celle des Français qui l'ont élu [Nicolas Sarkozy] pour restaurer cette autorité [de l'Etat]. Les magistrats rendent la justice au nom de cette légitimité suprême. » Les magistrats rendent donc la justice au nom des Français qui ont voté pour Nicolas Sarkozy. La garde des Sceaux, ex-porte-parole du candidat, précisait dans quel cadre s'inscrivait ce bouleversement : « C'est vrai que je bouscule quelques corporatismes, mais Nicolas Sarkozy a été élu pour restaurer l'autorité de l'Etat. » C'est donc bien dans cette stratégie concernant la structure même de l'Etat que s'inscrivent toutes les « réformes » proposées.

Après avoir été poussée sans ménagement vers la sortie par le président de la République lui-même, Rachida Dati, toujours ministre, théorisait bien cette destitution idéologique de la justice. Devant les magistrats en formation à l'Ecole nationale de la magistrature, le 5 février 2009, elle assurait que « l'indépendance n'est pas un dogme. Il ne suffit pas de la proclamer. Elle se mérite par la qualité de son travail... ». Il s'agit de faire oublier que l'indépendance est une valeur absolue, inscrite dans la loi des lois, la Constitution française (article 64 : « Le président de la République est garant de l'indépendance de l'autorité judiciaire »). Le relativisme, tant décrié par ailleurs dans le champ des valeurs de l'ordre (morale, autorité, respect, famille...), devient la règle dans le champ des libertés. L'indépendance est finalement remplacée par une nouvelle valeur idéologique : le travail, mais le travail à la mode sarkozyste, qui ne vaut que par l'excellence, le mérite, apprécié évidemment selon les critères, le plus souvent chiffrés, du pouvoir en place. Autrement dit, l'indépendance n'est plus qu'un mythe. Lui succède l'asservissement.

Les procureurs de la République au service du pouvoir

Le premier volet du sarkozysme judiciaire concerne les procureurs de la République, priorité des priorités. Car s'il est une part de la

magistrature dont le sarkozysme a impérativement besoin, c'est bien le parquet. Dans son discours du 7 janvier 2009 devant la Cour de
cassation, le président de la République rappe-
lait quelle était sa conception du statut des procureurs : une « autonomie tempérée par la règle
hiérarchique qui est l'honneur des magistrats
du parquet ». « Autonomie » et non indépendance, mot tabou ! Ceux-ci sont hiérarchisés :
en haut de la pyramide se trouve le ministre de
la Justice et, aujourd'hui, le président de la
République, puisque la confusion est totale
entre les deux fonctions. Cette tutelle, le sarkozysme s'en réjouit chaque jour. Comme il s'exas-
père de voir les magistrats du siège rechigner au
contraire à suivre les injonctions des procureurs,
donc les siennes. Ils appliquent trop mollement
les peines planchers, par exemple. Lorsqu'il
était ministre de l'Intérieur Nicolas Sarkozy
l'avouait avec une franchise désarmante :
« Jamais, je n'ai mis en cause les magistrats dans
leur ensemble. La meilleure preuve, c'est que je
suis prêt à le dire, les magistrats du parquet font
un travail remarquable, seulement ils ne sont
pas suivis » (RTL, 22 septembre 2006).

Mais il ne suffit pas de dire qu'il y a un joug,
encore faut-il le faire sentir. Et le sarkozysme ne
se prive pas de faire sentir sa poigne sur des procureurs au zèle insuffisant ou tentés par l'indépendance. Le président de la République n'est

pas alors au premier plan. Il se contente
d'impulser avec force le mouvement ou de le
faire suivre par son homme de l'ombre (Patrick
Ouart, le garde des Sceaux bis). L'habileté est
d'utiliser toute la hiérarchie judiciaire, de haut
en bas de l'échelle, pour faire ployer le corps, à la
base. Il se trouve, dans ce métier comme dans
tant d'autres, aux côtés d'hommes raisonnables,
d'innombrables chefs, petits ou grands, persua-
dés que la férocité avec laquelle ils transmettent
les ordres les plus absurdes les protégera de
l'arbitraire du pouvoir dont ils les reçoivent. Position risquée car cette hiérarchie complice est à la
merci, à chaque instant, du caprice du prince.

Rachida Dati a été la caricature de cet autoritarisme exacerbé. Elle s'est voulue, à l'égal de
son maître, inflexible et brutale, traitant les procureurs comme de simples soldats. Oubliant
volontairement qu'ils bénéficiaient de quelques
garanties (un contrôle du Conseil supérieur de
la magistrature dans leur nomination, la liberté
de parole à l'audience, l'opportunité dans
l'appréciation des poursuites...). Elle s'est affir-
mée expressément comme « le chef » (interview
à Canal+ le 3 septembre 2007). « Je suis le chef
du parquet, tonne-t-elle, ça veut dire quoi ? Je
suis le chef des procureurs, ils sont là pour
appliquer la loi et une politique pénale. »

Même la liberté de parole à l'audience disparaît. Ainsi, qu'un vice-procureur de Nancy ose

dire à l'audience qu'il n'appliquera pas la peine plancher, requérant un an d'emprisonnement plutôt que quatre, ajoutant (selon la presse locale) que « les magistrats ne sont pas les instruments du pouvoir », et le voilà, du jour au lendemain, fin août 2007, sommé de venir s'expliquer sur ses propos place Vendôme ! Le Conseil supérieur de la magistrature demande des explications au ministre. Devant l'émotion soulevée dans la magistrature, la ministre recule. Aucune sanction n'est prise. Mais la réalité est là : un procureur est tenu de rendre des comptes sur sa parole à l'audience. Et échappe de peu à des poursuites disciplinaires.

Rachida Dati a voulu en définitive traiter les procureurs comme Nicolas Sarkozy traite les préfets dans ses réunions 3+3. La ministre de la Justice, farouchement déterminée à faire appliquer l'inique loi sur les peines planchers, a décidé d'exercer sur eux une pression maximale. Ils ne sont pourtant en mesure que de demander l'application de cette loi aux juges, qui, seuls, en décident. Le 6 octobre 2008, elle convoquait place Vendôme pour les réprimander les cinq plus « mauvais » procureurs généraux de France : ceux qui n'avaient pas obtenu des juges suffisamment de peines planchers. Une réunion « 5+0 ». Ils repartaient la queue basse, promettant de faire des efforts... Quelques jours plus tard, Rachida Dati annonçait qu'elle allait

234

systématiser cette convocation des plus mauvais procureurs généraux. L'évaluation des magistrats se faisait donc selon le taux de remplissage des prisons.

Si la carrière des juges était entièrement dans les mains du pouvoir, on ne donnerait pas cher de leur indépendance. Heureusement il existe un organisme protecteur, le Conseil supérieur de la magistrature. Son avis conforme est obligatoire pour toute nomination. Pour les plus hauts postes, il faut au moins que le nom du magistrat nommé soit proposé par le Conseil. Pour les magistrats du parquet, cette garantie est presque inexistante. La nomination des procureurs généraux est purement politique : ils sont nommés par le président de la République sans que le Conseil supérieur soit consulté. Ils sont surtout écartés ou limogés sans que quiconque puisse s'y opposer. Ainsi lorsque Rachida Dati a voulu fin 2007 nommer cinq femmes procureurs généraux, elle a évincé sans ménagement l'un des titulaires. Pour les autres postes du parquet, un simple avis du Conseil supérieur de la magistrature suffit mais le ministre de la Justice n'est pas tenu de le suivre. Le pouvoir actuel ne se prive pas d'en faire fi. Il s'en prive même de moins en moins, diminuant d'autant la très maigre indépendance des procureurs.

On peine à imaginer jusqu'à quel point cette volonté de caporalisation est en marche chez les procureurs. Un exemple parmi d'autres : début 2009, Nicolas Sarkozy, à la Cour de cassation, vient de proposer la suppression du juge d'instruction devant un parterre de « hauts » magistrats aussi apathiques qu'ambitieux. Peu après, au tribunal de Nancy, la présidente prononce un discours dit « de rentrée » où elle conteste quelque peu les propositions présidentielles. Applaudissements des magistrats présents : ceux du siège et ceux du parquet. Le seul à ne pas avoir applaudi, le procureur de la République lui-même, convoque dare-dare ses subordonnés pour qu'ils s'expliquent sur leurs applaudissements. Le procureur général les convoque également !

C'est, de fait, toute la justice qui est mise sous surveillance permanente par le gouvernement, et non seulement les parquets. Les procureurs sont sommés de relever appel de toutes les décisions qui oseraient ne pas appliquer correctement les peines planchers. Des statistiques très précises sont tenues dans chaque tribunal pour savoir combien de ces peines sont prononcées, combien d'appels sont interjetés par les procureurs, combien de mineurs sont présentés aux procureurs. Les chiffres sont ensuite diffusés au plan national pour fustiger les retardataires ou ceux qui oseraient quelques pourcentages de moins que la moyenne nationale. Dans une circulaire adressée à tous les parquets début 2009

(« circulaire annuelle de politique pénale pour 2009 »), on apprenait ainsi que le taux d'application des peines planchers était de 49,3 % et le taux d'appel de 9,3 %. Mais certains tribunaux s'illustraient négativement. Ainsi le tribunal de Libourne avait respectivement des taux de 33,3 % et de 3,1 %.

C'est donc cette partie hiérarchiquement et de plus en plus soumise de la magistrature que le sarkozysme veut mettre au premier plan de l'appareil judiciaire. Elle y est pourtant déjà depuis un certain temps. Les procureurs de la République ont vu leurs pouvoirs croître de façon considérable ces dernières années. Ils sont déjà les maîtres tout-puissants de la justice. Ils classent sans suite 78 % de dossiers : 3,7 millions de procédures sur 4,8 millions reçues. Sur le gros million de procédures qui restent (1,14 million) c'est encore le parquet qui gère des compositions pénales ou ce qu'on appelle des alternatives aux poursuites : 460 000 dossiers ! Restent 677 000 procédures dont la majeure partie va directement devant le tribunal correctionnel et une faible part (moins de 5 %, environ 30 000 dossiers) devant le juge d'instruction, magistrat du siège indépendant.

La question essentielle pour le sarkozysme est donc : comment faire afin que ces 677 000 procédures qui sont aux mains de juges indépendants ne constituent pas un danger pour lui-même, les siens, ses proches et plus largement, le régime qu'il met progressivement en place ?

La suppression du juge d'instruction :
protéger les siens

Pourquoi les juges d'instruction ennuient-ils à ce point le sarkozysme qu'il faille s'en débarrasser d'urgence ? Par respect pour les droits de la défense, comme tentait de nous le faire croire le président de la République ? Il n'y a pas d'homme politique qui ait autant bataillé pour réduire ces mêmes droits depuis une dizaine d'années. La réponse ne prête donc même pas à sourire.

La raison est bien ailleurs. Elle est simple et cynique. En se débarrassant du juge d'instruction, Nicolas Sarkozy cherche à éliminer un juge qui, par son indépendance, risque de lui nuire et de nuire à ses proches ou aux hommes d'affaires qui peuplent ses réseaux. Dans un régime qui n'est évidemment pas plus vertueux qu'un autre, le juge d'instruction, qui ne peut recevoir d'ordre de quiconque, représente un danger permanent. Il est un contre-pouvoir qu'il faut abattre.

Depuis une trentaine d'années, l'institution du juge d'instruction a été bouleversée. De l'homme qui était soi-disant « le plus puissant de

France », il ne reste plus grand-chose, même s'il représente encore un danger. Une des critiques les plus fortes, du reste justifiée, était que ce juge disposait du pouvoir de placer en détention provisoire et donc de faire pression sur le suspect pour le faire avouer. La loi du 15 juin 2000 lui a retiré ce pouvoir pour le confier au juge des libertés et de la détention. De nombreuses autres lois ont introduit beaucoup plus de « contradictoire » dans la procédure d'instruction et notamment celle du 5 mars 2007 (« tendant à renforcer l'équilibre de la procédure pénale ») adoptée à la suite des travaux de la commission dite d'Outreau : ce qui signifie que les suspects (« mis en examen ») ou les parties civiles ont un droit de regard et de contrôle plus important sur l'activité de ces juges. Même si de nombreuses critiques peuvent encore être adressées aux juges d'instruction, force est de constater que les droits de la défense sont, ici, mieux respectés, ou moins mal, que dans bien d'autres procédures.

La loi du 5 mars 2007 avait même prévu, pour pallier la critique de l'isolement de ces juges, que ceux-ci travailleraient désormais en équipe. Des pôles ont déjà commencé à fonctionner dans certains tribunaux notamment pour les affaires criminelles. Au 1ᵉʳ janvier 2010, cette réforme, d'application progressive, devait entrer en vigueur dans son intégralité et la collégialité

de l'instruction devenir générale et définitive.
Sans même attendre la mise en œuvre complète
de la loi, le président de la République a prononcé son diktat : le juge d'instruction doit
mourir.

Si l'urgence est telle, c'est que le juge d'instruction est un redoutable gêneur. Pire, il est
imprévisible, une tare en pays sarkozyste. Inima-
ginable : il peut s'en prendre au pouvoir. Nicolas Sarkozy le sait mieux que quiconque : il est
partie civile dans l'affaire Clearstream et cette
affaire, par un de ces curieux hasards qui font
s'entrecroiser la justice et la politique, a éloigné
de fait un dangereux concurrent, Dominique de
Villepin. La liste des hommes politiques dont la
carrière a été compromise voire stoppée par des
juges d'instruction est trop longue. Chacun sait
que les flèches peuvent atteindre jusqu'au plus
haut niveau de l'Etat et que Jacques Chirac ne
s'en était sorti qu'à titre provisoire. Quant aux
hommes d'affaires et patrons de grandes entreprises qui peuplent aujourd'hui avec une densité inégalée les réseaux du pouvoir, ils rêvaient
depuis longtemps de la disparition de ce magistrat maudit qui décime leurs rangs depuis une
trentaine d'années, depuis que des juges –
« rouges » dans les premiers temps, multicolores
ensuite – ont décidé de s'attaquer à la délinquance en col blanc. Le rapport sur la dépénalisation du droit des affaires n'était qu'un

premier signe. Il y en eut bien d'autres. Un des plus évidents fut la diminution drastique du nombre d'affaires confiées aux juges d'instruction. Quoi de plus simple pour faire disparaître une institution que de ne plus l'alimenter ? C'est ce à quoi s'appliquaient depuis longtemps avec persévérance les procureurs de la République. Car les juges d'instruction ne peuvent enquêter de leur propre initiative. Ils n'instruisent que les dossiers que les procureurs de la République veulent bien leur donner. De plus la loi a restreint en 2007 un droit fondamental : la possibilité offerte aux particuliers de déclencher automatiquement l'enquête du juge d'instruction en se constituant partie civile, ce qui offrait aux victimes un pouvoir concurrent de ceux des procureurs. C'est en matière de délinquance économique et financière que cet étranglement a été le plus efficace. Le nombre de dossiers confiés au pôle des juges d'instruction financiers, à Paris par exemple, a chuté vertigineusement : les nouvelles enquêtes ont été quatre fois moins nombreuses en 2008 qu'en 2007. La France ne respecte plus ses engagements internationaux en matière de lutte contre la corruption. Ou elle fait semblant. Car les procureurs de la République, s'ils ne saisissent plus les juges d'instruction, gardent les dossiers pour eux. Ils font faire des enquêtes menées sous leur autorité exclusive et auxquelles personne n'a accès :

ni le juge, ni surtout l'avocat, encore moins la victime. Nous assistons ainsi à une régression fondamentale des droits de la défense sans que grand monde ne s'en émeuve. Les dossiers sont ainsi traités dans l'opacité la plus totale. Et le pouvoir exécutif est le grand gagnant. Par l'intermédiaire des procureurs de la République, il contrôle en permanence ces enquêtes, peut les accélérer, les freiner, les stopper, les ébruiter, les dissimuler... Bref, en faire ce qu'il veut. Si jamais il ordonne une expertise, personne n'en aura connaissance, ne pourra en discuter ou la contester. Et s'il décide en définitive, à la date qui lui convient, de renvoyer devant le tribunal les personnes qu'il a choisi de mettre en cause, le procès se fera au vu des seules pièces qu'il aura bien voulu réunir

Une nouvelle architecture de la soumission

A suivre ses instincts autoritaires, le pouvoir en oublie parfois qu'il existe une loi supérieure, la loi européenne. Dans un système judiciaire où – au sein de la magistrature – seuls les syndicats de magistrats finissent par constituer un contre-pouvoir, les dérives deviennent des habitudes. Mais un jour, un justiciable des plus anonymes vient gripper cette machine. Ce justiciable, par l'ironie du sort, n'est même pas français, il s'appelle M. Medvedyev. Avec quelques marins étrangers, il se trouvait à bord d'un cargo, le *Winner*, battant pavillon cambodgien, transportant de la cocaïne et arraisonné par la marine française. Entre le 13 juin 2002, date de l'interception au large du Cap-Vert, et le 26 juin, date de leur mise en garde à vue à leur arrivée à Brest, ils ont été privés de leur liberté sous l'autorité du procureur de la République de Brest. La Cour européenne considère que seule une « autorité judiciaire » au sens de la jurisprudence habituelle de la Cour européenne était habilitée à ordonner une telle privation de liberté. Or, indique-t-elle, dans sa décision du 10 juillet 2008, en France, « le procureur de la République n'est pas une autorité judiciaire au sens que la jurisprudence de la cour donne à cette notion : comme le soulignent les requérants, il lui manque en particulier l'indépendance à l'égard du pouvoir exécutif pour pouvoir être ainsi qualifié ». La Grande Chambre de la Cour a examiné le 6 mai 2009 l'appel de l'Etat français contre la première décision du 10 juillet 2008. La date tombait mal pour le gouvernement français. Au même moment, Rachida Dati essayait d'écarter le procureur général de Riom qui lui déplaisait, soulevant un tollé dans la magistrature. Et le procureur de Paris, nécessairement avec – pour le moins – l'accord du gouvernement, tentait de s'opposer à un juge d'instruction qui voulait instruire une affaire concernant les biens conséquents de quelques chefs d'Etat africains soupçonnés de corruption.

Jamais critique aussi violente n'avait été portée contre la justice française. L'analyse de la plus haute instance européenne permet de jeter un regard objectif sur l'état actuel de nos institutions et sur l'architecture de nos libertés selon les plans de Nicolas Sarkozy. Si on les suit, l'ensemble des enquêtes pénales en France se trouvera sous la main du pouvoir exécutif. La disparition du juge d'instruction transférera aux procureurs de la République la totalité des investigations. Face à cette mainmise du pouvoir, il restera, comme sauvegarde des libertés, les avocats et un « juge de l'instruction » ou « juge de l'enquête et des libertés ». Comme il n'est pas question de modifier les conditions d'accès à la justice et le système de l'aide juridictionnelle, les avocats seront incapables de jouer leur rôle. L'égalité des armes entre le procureur de la République et la défense sera une totale illusion, sauf pour quelques justiciables (grandes sociétés ou clients fortunés) qui pourront se payer des enquêteurs et des experts privés et mener, à leurs frais, une contre-enquête. Reste ce juge « de » l'instruction.

Il a été imaginé sur le modèle du juge arbitre censé équilibrer la partie entre deux équipes de force équivalente. Il trouve son origine dans le modèle accusatoire. Dès lors cet arbitre, doté d'un modeste sifflet, pourra ponctuer tous les buts marqués par l'accusation et signaler les fins de partie accablantes pour la défense. Nous serons dans un modèle en réalité inquisitoire. Ce juge ne disposera d'aucun moyen pour contraindre le procureur de la République à exécuter réellement ses injonctions.

Suivez le guide

On aurait tort de croire que le sarkozysme se contentera de dépecer la justice. L'idéal est de transformer les juges en simples exécutants d'une loi impérative dont les procureurs auront pour tâche de requérir l'application. Une fois le plaider coupable étendu à toutes les procédures, une autre merveille de la justice anglo-saxonne fera fureur : le guide de l'application des lois. Nicolas Sarkozy le réserve pour bientôt. Ce système, qui est une des causes de la surpopulation pénitentiaire américaine, consiste à élaborer des « lignes directrices pour le prononcé de la peine », des « sentencing guidelines ». Le juge se transforme enfin en mathématicien. Quittant sa robe noire pour une blouse blanche, il se réfère à deux paramètres. Le premier, la gravité de l'affaire, estimée de façon abstraite, comme tout le reste, selon un classement par niveaux de

1 à 43. Le second, le passé judiciaire de l'accusé. Les infractions y sont comptabilisées par un système de points dans un ordre de gravité croissante. A partir de ces deux données, le juge aboutit, à l'intersection des deux lignes, à la peine idéale. Selon les législations, il dispose d'une marge de manœuvre plus ou moins étroite. Il doit, en tout cas, justifier des écarts entre sa décision et la sanction mathématique. Il est évident que la prochaine réforme sera celle-là. Il suffit de lire les discours de Nicolas Sarkozy. Il l'affirmait sans la moindre ambiguïté en 2006 quand il n'était que ministre de l'Intérieur (discours prononcé au Sénat le 13 septembre à l'occasion de la discussion du projet de loi relatif à la prévention de la délinquance). « Pour faire refluer la délinquance, affirmait-il, il faut d'abord faire appliquer la loi. » Et de pointer du doigt les magistrats insoucieux de la réalité qui ne l'appliquent pas, créant même « un fossé » entre cette loi et son application. Avant de proposer la solution miracle : « Pourquoi ne pas penser à une sorte de guide d'application de la loi, à l'exemple des "guidelines" édictées par la Commission européenne vis-à-vis des juges nationaux, dans le domaine compliqué du droit de la régulation. » La disparition pure et simple de l'idée même de justice, voici ce qui nous attend d'ici peu.

Conclusion

L'ampleur du mal :
prendre le sarkozysme au sérieux

La sarkozysme existe bien. Il est la forme française contemporaine d'une idéologie qui ne
veut pas dire son nom et se décline sur celui de
son porte-parole momentané. Une fois épousse-
tées les paillettes, apaisé le flot ininterrompu des
images et trié le capharnaüm des paroles para-
doxales, apparaît très clairement, dans son
immense simplicité, le cœur du sujet. Cette
bible, courte, que nous avons tenté de mettre à
jour. Surgit aussi une réalité factuelle sans rapport avec l'imagerie officielle.

Un simple avatar de la droite néo-libérale ?
Un régime éphémère, sans la moindre universa-
lité ? Pourquoi refuser de voir que cette idéologie porte une conception de l'homme très
différente de celle dont la France pensait être
l'une des héritières, depuis les Lumières et la
Révolution ? Que le projet de civilisation qui la

247

sous-tend s'appuie sur des valeurs radicalement différentes de celles de l'humanisme ?

Pour beaucoup, parler de « projet de civilisation » à propos du sarkozysme relève du ridicule. Le vêtement est trop large. Quand le porte-parole du gouvernement, Luc Chatel, dressant le bilan de deux années de présidence estime que « c'est l'histoire de la pensée universelle française qui redémarre, qui continue », on se sent gêné pour lui. Quand Nicolas Sarkozy parle de « civilisation », on sourit. Car il parle d'un projet qui n'est pas le sien. Il préfère emprunter à des valeurs sûres qui *a priori* ne lui correspondent pas – Edgar Morin – plutôt que de s'appuyer sur son propre camp ou d'essayer de développer lui-même ses propres idées. Ce qui ne signifie pas qu'elles soient ridicules ou sans portée. Toutes sortes d'hommes, et non seulement des intellectuels, font et défont par petites touches les civilisations. La superficialité de la politique-spectacle ne doit pas faire oublier la marche réelle du pouvoir et ses soubassements idéologiques.

Au motif que les attaques portées contre le chef de l'Etat relèvent d'un antisarkozysme primaire, voire « pavlovien », on ridiculise souvent ceux qui dénoncent l'immensité des dangers du sarkozysme et l'ampleur des bouleversements qu'il prépare. Tout livre critique est nécessairement un pamphlet, toute dénonciation un brûlot. Un abécédaire de l'antisarkozysme et une liste des douze hyper-opposants – parmi lesquels l'auteur de ces lignes – ont été établis par le journal *Le Monde* à l'occasion de l'anniversaire des deux ans de présidence. Fourre-tout dépourvu de sens qui amalgame tous les niveaux de critique et fait apparaître ses protagonistes comme des enragés, dont l'opposition est aussi inconditionnelle que pathologique. Il est vrai que la violence du chef de l'Etat, son langage souvent ordurier, a parfois produit en retour un rejet virulent. Quoi qu'il en soit, pourquoi protéger le sarkozysme derrière le paravent commode de l'antisarkozysme ?

L'ENGOURDISSEMENT ET LA BANALITÉ

La grenouille ébouillantée

Alex Türk, le président de la CNIL, a évoqué la métaphore de la grenouille ébouillantée pour décrire la situation du fichage et des surveillances de tout genre en France, mais l'image vaut au-delà. Ce batracien plongé d'un coup dans une casserole d'eau bouillante tentera de se débattre et de s'enfuir. S'il est déposé dans de l'eau tiède dont la température est montée progressivement, il se laissera engourdir et mourra ébouillanté presque sans s'en apercevoir.

L'hybridité

Cet engourdissement, la France et bien d'autres pays l'ont connu, à d'autres époques. Dans le domaine des libertés, il est même l'une des plus sûres et des plus banales façons d'entrer dans un régime autoritaire. Lorsque la majorité sommeille, ceux qui élèvent la voix sont ignorés ou ridiculisés. Cassandre passait pour folle. La raison, surtout lorsqu'elle est tournée vers le passé (comment penser autrement ?), dégage des épures, dessine des typologies qui permettent d'organiser la mémoire et d'appréhender le présent d'après des modèles univoques. Plusieurs « démocraties » occidentales aujourd'hui présentent ce modèle hybride, instable et fragile de l'Etat-limite. Elles offrent encore de nombreux signes extérieurs d'un régime démocratique, elles sont globalement des démocraties. Mais peu à peu, elles intègrent des éléments exogènes préservant l'apparence et modifiant la substance. Certains architectes réussissent ce tour de force de conserver la façade des vieux immeubles en reconstruisant tout autre chose derrière.

Conclusion

L'habituation silencieuse

L'inoculation est progressive. Parfois sournoise : les mentalités, les représentations suivent souvent ce mouvement lent et reptilien dans nos esprits. Les changements sémantiques, le nouveau vocabulaire, les modèles véhiculés par les médias ont dessiné un nouveau type d'homme que le sarkozysme a repris à son compte et dont il fait la promotion permanente parce qu'il lui correspond à merveille. Il n'est pas nécessairement le modèle dominant, ni le préféré mais il a pris place dans les esprits parfois comme un idéal, au moins comme un possible, et il fait lentement son chemin, prolifère souterrainement à l'abri de l'éclat du pouvoir.

Ce modèle est celui de l'homme-marchandise : il se lève tôt pour travailler plus, être encore plus performant, plus rentable. Il veut gagner plus et consommer correctement. Obéissant, il ne perd pas son temps à contester ou à faire grève, il veut que ses mérites soient reconnus par un chef dont l'autorité ne saurait être contestée. Il ne cherche pas midi à quatorze heures. En quête de solutions plus que d'explications, il respecte l'ordre, la morale, la patrie, la famille et la religion. Il rêve de devenir, un jour, peut-être, lui aussi, ce symbole de réussite, cette star dont les images foisonnent à la télévision et

dont la fortune est gage de bonheur. Pour cela,
il ne compte que sur lui-même. L'Etat n'est pas
là pour l'assister ; ni lui, ni les autres.

Cette imagerie qui aurait fait sourire voici
une dizaine d'années est tout à fait admise
aujourd'hui. Dans le monde de la bande dessinée, on parlerait d'un « beauf ». Dans le monde
d'Edvige cet homme-là ne serait pas fiché. Dans
le monde politique il fait partie de ce que l'on
appelle la « majorité silencieuse ». L'expression
avait été utilisée par Georges Pompidou en 1968
pour opposer le pays « réel » aux aventuriers de
Mai 68. Richard Nixon prenait la même image
pour appeler à lui le peuple conservateur, non
contestataire, non hippie, et rejeter ceux qui
s'opposaient, entre autres, à la guerre au Viet-
nam. Le même concept revient dans la bouche
de Nicolas Sarkozy quand les manifestations se
font trop denses, trop fréquentes. Il a pour lui
tous ceux qui ne se montrent pas, tous ceux qui
ne défilent pas. Le 24 mars 2009, il célébrait ce
peuple silencieux et muet que, lui, entend et
voit. Son peuple. Tous ces gens qui préfèrent
l'effort et le travail plutôt que les grèves. « Et
c'est pour eux aussi, cette majorité silencieuse
qui n'a pas les moyens de se mettre en grève,
qui n'a pas les moyens de manifester ou qui a la
volonté de privilégier son travail, c'est aussi à
eux que je dois penser et pour eux que je dois
agir. »

On comprend mieux tout l'intérêt de l'homme-marchandise. Il se tait. Penché sur son ouvrage, attelé à sa tâche, il ne dit rien, il ne proteste jamais. Même le dimanche, après l'office, avant de regarder une série américaine ou la messe de Michel Drucker, il se rend au supermarché pour pouvoir sans relâche consommer. Ce type de citoyen à la pensée standardisée est du pain bénit pour les régimes autoritaires. Il est prêt à tout recevoir du pouvoir. Il lui a délégué sa « part de cerveau disponible ». La liberté n'est pas sa préoccupation. Son bonheur, il le trouve ailleurs.

Il devient urgent de relire le *Discours de la servitude volontaire* que La Boétie écrivait en 1549, à 18 ans et qui faisait si peur à son ami Montaigne. A cette époque de pouvoir absolu et de tyrannies, ce jeune homme se demandait pourquoi toute une population se soumettait si facilement, sans protester, sans rechigner. Son regard n'allait pas du côté des princes mais des peuples. Il découvrait, au détour de l'histoire, installés au cœur des hommes, l'amour de la servitude et la passivité plus que la crainte. Mais il n'y voyait pas une nécessité. La nature humaine n'appelait pas cette soumission, ce renoncement. La servitude, pour être volontaire, n'était qu'accidentelle. Elle s'était installée avec l'habitude, de servir et de se taire : « La première raison de la servitude volontaire, c'est l'habitude. »

La banalisation de l'inhumanité

L'inoculation peut être violente. Les atteintes aux libertés brutales dans leurs manifestations premières. La première arrestation arbitraire indigne. La suivante encore. La cent millième moins. Le policier qui interpelle à Belleville un Noir parce qu'il est noir évite peut-être d'en parler à sa femme en revenant chez lui le soir. Quelques comptes rendus statistiques plus tard, il ne s'en parle même plus à lui-même. Le juge qui maintient le premier bébé dans un centre de rétention ressent un certain malaise. Après quelques aménagements, au bout de quelques rappels à l'ordre, une fois la jurisprudence installée, il n'y fait plus attention. La première délation choque, les suivantes sont régies par des circulaires qui font ensuite, elles-mêmes, l'objet de commentaires savants et de discussions juridiques passionnées.

L'homme-marchandise est un être épris de paix et de sécurité, de pelouses soigneusement tondues et d'horaires précis. Il n'aime pas être dérangé dans ses habitudes. Il n'aime pas, comme le dit souvent Nicolas Sarkozy, qu'on « empoisonne sa vie ». Tous les contrôles, les fichages, il est prêt à les accepter sans sourciller. Il ne voit même pas quel peut être le problème. Etre filmé trente fois par jour dans son petit village par des caméras de vidéo-surveillance ne le dérange pas : il n'a, pense-t-il, jamais rien à se reprocher, il fait partie des braves gens et non pas des voyous. L'homme-marchandise a peur. Peur de tous ces autres qui polluent son identité et sa tranquillité.

Peuvent alors s'installer de multiples pratiques qui, progressivement, ne heurtent plus ni les agents d'exécution ni la majorité silencieuse. L'idéologie sarkozyste est un formidable outil d'installation de la servitude volontaire et de banalisation du mal. Sa culture du résultat a ceci de commode qu'elle fournit un cadre rassurant à l'inhumain. Les plans, les statistiques et les bilans font entrer n'importe quoi dans le champ du mesuré et donc de la raison. Il n'y a plus à penser. Il n'est plus nécessaire de s'interroger sur une norme morale, de se perdre dans les tourments de sa conscience. La loi est posée : elle prend la forme d'un chiffre. Quand un gouvernement demande d'expulser coûte que coûte 20, 25 ou 30 000 étrangers par an, l'inhumanité des situations individuelles se fond dans la logique du nombre. C'est la loi budgétaire qui l'affirme. Les débats parlementaires sont d'une grande précision. Voici ce qu'en dit par exemple le rapporteur du Sénat pour le budget 2009 : « Au total, le coût des reconduites à la frontière serait de l'ordre de 415,2 millions d'euros, à ramener au nombre de personnes concernées, que l'on peut estimer en 2009, sur la base d'un ratio deux tiers/un tiers (répartition entre reconduites "forcées" et retours volontaires) à 19 800 personnes. Dans ce cas, le coût budgétaire prévisionnel des reconduites à la frontière s'établirait à environ 20 970 euros par personne reconduite. Ce montant doit sans doute être affiné... » La logique était parfaite, le calcul impeccable, le budget a été voté.

L'autre avantage de cette idéologie est le culte de la performance. Il aurait réjoui La Boétie. Tout un peuple peut se mettre en marche pour améliorer son rendement. C'est le rêve de tous les régimes autoritaires, des petits despotes aux grands tyrans. Il fallait jusque-là ne compter que sur la nature humaine, certes richement pourvue. Parier sur ces êtres qui s'accomplissent dans le dépassement des ordres : aller au-delà du requis pour le plaisir de l'obéissance, la jouissance du zèle et la gratitude éventuelle du chef. Dans l'expérience de Milgram, 62 % des sujets obéissaient jusqu'au bout et continuaient à administrer des chocs électriques jusqu'à ce qu'on leur dise d'arrêter. Aujourd'hui l'exaltation du mérite en fait une règle de vie, un mode d'organisation sociale. Les stages destinés aux cadres ou aux chefs d'entreprise pour qu'ils deviennent « top manager » sont parfois organisés par l'armée. Le leader hyper-performant a tout à gagner à s'inspirer des méthodes militaires. Il faut se plier à la loi de l'éternelle compétition, s'endurcir, s'habituer à la souffrance de l'autre. Gérer les crises non plus par la confiance et la compréhension mais par l'utilisation si possible maîtrisée de la force. Organiser une insensibilisation progressive. Dans le brouillard de ces performances, le zèle peut tout porter. Les chiffres grimpent. Les records sont battus chaque année. Toujours plus d'arrestations, toujours plus de gardes à vue, toujours plus de prisonniers, toujours plus de personnes fichées, toujours plus de caméras, partout... Il serait impensable qu'un jour ces chiffres baissent. Toute une machinerie administrative, inflexible, relaie la machine idéologique.

Dans l'idéologie sarkozyste, il faut que le mal soit isolé et circonscrit à l'extérieur de nous-même. Il est hors de question d'en trouver la moindre trace en soi. Ce partage des tâches, cette dichotomie rassurante sont censés nous permettre de vivre en paix et en sécurité. Nous, nous ne sommes pas des monstres. Il est hors de question de dire, ni même de chuchoter, que des délinquants, des récidivistes, de grands malades mentaux, des tortionnaires, des criminels sont des êtres qui nous ressemblent. Ils ne peuvent être que fondamentalement différents. L'origine de leur différence est en eux, pas en nous. Leur responsabilité, nous ne la partageons pas, nous ne leur devons rien ou presque. Les renvoyer au mal qui les anime est une évidence, organiser leur exclusion ou leur éloignement devient une nécessité. C'est ainsi que tout un peuple peut s'habituer en toute tranquillité à ce qui, dans un premier temps, lui avait paru cruel ou barbare. Les enfermements les plus odieux ne l'émeuvent plus. Le rejet brutal des étrangers lui est indifférent. Les contrôles les plus sévères lui paraissent aller de soi. Les surveillances permanentes habillent son quotidien.

Les basculements possibles

Le type d'organisation politique que nous connaissons se caractérise par son instabilité, ses à-coups, ses emballements imprévisibles mais aussi par l'incertitude de ses périodes de crise qui peuvent à tout moment déboucher sur l'instauration d'un régime purement autoritaire dont le cadre idéologique est déjà posé et les outils fin prêts.

On peut imaginer que l'ensemble des contrôles sociaux et des habitudes répressives qui s'étend peu à peu nous fasse un jour passer pour de bon de l'autre côté de la frontière, sans retour possible. A quel degré d'ébullition la société devient-elle entièrement captive ? La démocratie décède-t-elle à un fichier de trop, à une prison de trop, à un nouveau journal libre

258

qui se tait ? Il est probable que cette mort-là se fait sans bruit. Le constat de décès n'est dressé qu'une fois la limite franchie depuis longtemps. Les exemples fourmillent dans l'histoire de ces évolutions insidieuses, de ces grignotements progressifs des libertés qui conduisent insensiblement au-delà de la République

La République romaine n'applique la torture qu'aux esclaves. Les citoyens, eux, ne la subissent qu'à titre très exceptionnel. Mais à partir du premier siècle après Jésus-Christ, les hommes libres y sont soumis dans les affaires « importantes ». Le crime de lèse-majesté l'autorise. Toutefois la définition de cette infraction ne cesse de s'étendre : fausse monnaie, empoisonnement, faux, magie, homicide, adultère... Tout ou presque finit par y passer. Seuls y échappent les gens considérés, « les gens bien », les « honestiores ». La dernière étape est vite franchie. La torture devient un mode de preuve général. L'exception la règle. La grenouille finit ébouillantée. Rome meurt.

Le choc pourrait être plus brutal. On a vu après le 11 Septembre 2001 fleurir de par le monde des législations plus liberticides les unes que les autres. Chacun sait bien que le phénomène peut resurgir. Que les réactions de peur et de repli peuvent être encore plus violentes. Que les libertés risquent alors d'en pâtir encore plus, qu'une guerre menace, toujours.

Le sarkozysme sans Sarkozy

Restaurer l'inchiffrable

Le pire n'est pas impossible. Il n'est pas non plus inévitable. Le sarkozysme est une réalité, très lourde, pas une fatalité. Il est possible de quitter cette frontière dangereuse de l'Etat-limite et de revenir dans le plein pays de la démocratie. Mais il ne suffira pas de changer de gouvernant. Le mal, infiniment plus profond, n'a pas attendu pour s'installer que Nicolas Sarkozy surgisse dans le paysage politique français.

Il faut d'abord réapprendre à penser. Contrairement à ce que soutient Christine Lagarde, merveilleuse avocate d'affaires d'un des plus grands cabinets du monde, nous n'avons pas « assez pensé ». Bien au contraire. A aucun moment, aucun peuple n'en est quitte avec les théories, les discussions, les utopies, les idées et les idéologies. Rabaissons nos manches et retroussons nos pensées. Entrons dans les bibliothèques ou leurs équivalents d'aujourd'hui. Ouvrons les livres. Pas uniquement *La Princesse de Clèves*. Tous ceux, innombrables, qui nous apprennent, siècle après siècle, de quoi sont faits les hommes. Tous ceux, qui, par leurs oppositions et leurs contradictions mêmes, nous révèlent la complexité infinie de la nature humaine et la multiplicité de ses approches. De toutes les leçons que nous pourrons en tirer, aucune ne nous porte à l'inaction, au laxisme, à l'abandon, au relativisme, à la paralysie ou au déclin. Ouvrons les livres et plongeons en nous. Inlassablement.

Nous n'avons jamais eu autant besoin d'un regard en profondeur sur l'humanité. La philosophie, l'histoire, les sciences humaines ne nous ont jamais été aussi nécessaires qu'en ce début du XXIe siècle. La part purement humaine de la vie, inchiffrable, doit être notre lumière. Elle est ce qui échappe aux bilans, aux questionnaires à choix multiples, aux statistiques, aux prévisions, aux ratios, aux quotas. Celle qui sera éternellement rétive au chiffre, au pourcentage, à l'équation.

Pourquoi ce travail nous plaît-il ? Pourquoi nous levons-nous le matin ? Pourquoi nous battons-nous chaque jour ? Pourquoi cette rencontre avec ce médecin, ce soignant nous a-t-elle changés ? Pourquoi cette justice nous semble-t-elle avoir été bien rendue ? Pourquoi gardons-nous de tel enseignement un souvenir si lumineux ? Pourquoi telle œuvre, tel spectacle se sont-ils inscrits si profondément en nous ? Pourquoi avons-nous appliqué sans rechigner telle loi ? Pourquoi nous sommes-nous sentis libres malgré une contrainte ?

Une rencontre, un regard, une écoute, une tendresse, un temps suspendu, un autre volé, un détour, une erreur, une hésitation, une humilité, un partage, une intimité, un silence, une révolte, une indépendance, un courage, une main tendue... L'inchiffrable n'est pas loin d'être indicible. Cette part de vie ne fera jamais l'objet d'un rapport, d'une commission, d'une loi. Et pourtant sans elle la vie n'existe pas.

C'est cette part de vie qu'on essaie de nous faire oublier. Mais c'est elle aussi qui resurgit presque naturellement, presque spontanément aujourd'hui. Qui remonte à la surface comme une bulle d'air rejoint nécessairement la surface de l'eau. Le maillage de plus en plus serré, les surveillances de plus en plus étroites, les contrôles de plus en plus absurdes, les injustices de plus en plus criantes, font naître en retour un questionnement toujours plus large et plus profond sur le sens de ces contraintes et de notre soumission.

Les figures nouvelles de la liberté

Renaissent ainsi les questionnements élémentaires qui s'étaient dissipés lentement. Les libertés s'échappent des articles pompeux de ces anciennes déclarations où elles s'étaient figées Elles prennent corps différemment. Des solidarités se créent d'elles-mêmes. Des citoyens se rassemblent de façon inattendue. Certains tournent en rond, d'autres font des cercles. Ces

figures de la liberté sont nouvelles. Parfois éphémères, parfois maladroites, mais toujours profondes. Tous disent leur refus de la peur, leur
volonté de comprendre, de penser librement.
C'est par un regard lucide sur la véritable humanité, sur les parts d'ombre et de lumière qui
coexistent en chacun de nous, de l'enfance à la
mort, que la société réintégrera en son sein tous
ces exclus, ces déviants victimes chaque jour
davantage d'une norme absurde et cynique.

TABLE

www.ingramcontent.com/pod-product-compliance
Lightning Source LLC
Chambersburg PA
CBHW061722270326
41928CB00011B/2075